日本社会福祉史

明治期から昭和戦前期までの分野別形成史

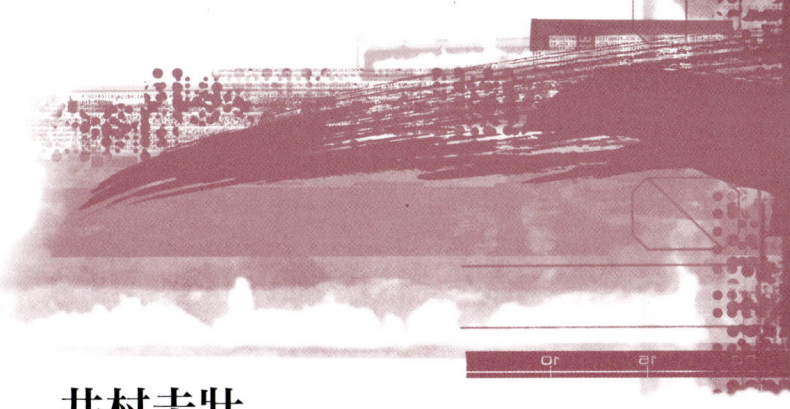

井村圭壯
藤原正範
［編著］

勁草書房

はしがき

　社会福祉学においてその歴史研究は不可欠である．しかし，社会福祉という領域は，それ自体が歴史的産物である．歴史とはその制度，政策，思想や経済状況等，多様なファクターの有機的連関によって形成されるものである．である以上，社会福祉の歴史もまた，単線的なものではなく，時代の社会的状況，制度，政策，思想や経済状況等，多様なファクターの有機的連関によって形成されてきたものであることを忘れてはならない．

　また，歴史を叙述する者が社会の中に生きる存在である以上，叙述には，その主体の社会に対する意識や視点が作用する．ある主体性を持つ研究者によって掘り起こされ，整理された過去の事実が，一定の方向性をもって再構成される．我々は，社会福祉の歴史を形成史あるいは実践史，内実史としてまとめあげる過程において，叙述者としての主体性がある以上，本書が再構成としての社会福祉の歴史であることに自覚的でありたい．

　本書は，社会福祉の歴史を有機的構造物として説明することに狙いがあり，それを分野別に明らかにできないか意図したものである．その意図の下，時代を明治期から昭和戦前期までに区切った上で，社会福祉の形成史を「分野別」に区分し，章立てして再構成した．

　本書を編集するに当たって，勁草書房編集部の橋本晶子氏には大変お世話になった．ここに感謝申し上げる．また，各章を担当してくださった執筆者の方々には，社会福祉学の歴史を研究する同志として，互いにこれからも議論を続けて行きたいと願っている．

　　2007年1月1日

　　　　　　　　　　　　　　　　　　　　　　　　　　井　村　圭　壯
　　　　　　　　　　　　　　　　　　　　　　　　　　藤　原　正　範

目　　次

はしがき　i

第1章　近代日本の社会福祉史 …………………………………… 1
　　はじめに ……………………………………………………………… 1
　　第1節　明治初期の慈善事業 ……………………………………… 1
　　第2節　産業革命期の慈善事業 …………………………………… 3
　　第3節　明治末期の感化救済事業 ………………………………… 4
　　第4節　大正期の社会事業 ………………………………………… 5
　　第5節　昭和恐慌期の社会事業 …………………………………… 7
　　第6節　日中・太平洋戦争と戦時厚生事業 ……………………… 9
　　おわりに ……………………………………………………………… 11

第2章　高齢者福祉史 …………………………………………… 13
　　第1節　明治期の救貧救済対策と養老院 ………………………… 13
　　　　　　1　救貧救護対策／2　養老院と慈善救済
　　第2節　大正期の社会事業と養老事業 …………………………… 16
　　　　　　1　社会事業の成立／2　大正期の養老院
　　第3節　昭和初期の養老事業と戦時厚生事業 …………………… 23
　　　　　　1　救護法と養老事業／2　社会事業法と養老事業

第3章　障害者福祉史 …………………………………………… 29
　　第1節　救貧対策としての障害者保護 …………………………… 29
　　　　　　1　明治前期の障害者の生活／2　救貧対策としての障害者対策／3　社会防衛施策としての障害者対策
　　第2節　障害者（児）対策の芽生えと広がり …………………… 33

　　　　　1　知的障害者（児）教育と施設の始まり／2　肢体不自由児施設の始まりと肢体不自由児の父高木憲次／3　肢体障害者に対するリハビリテーションの芽生え

　　第3節　富国強兵政策と傷痍軍人対策 …………………………… 36
　　　　　1　明治期の傷痍軍人対策／2　傷痍軍人対策の総合的進展

第4章　子ども福祉史 …………………………………………… 41
　　第1節　近代化と子ども …………………………………………… 41
　　　　　1　封建時代の児童救済／2　棄児養育米給与方と恤救規則／3　子どもと医療／4　学制から学校令へ
　　第2節　慈善事業期から感化救済事業期までの
　　　　　　子どもの救済 ……………………………………………… 43
　　　　　1　育児／2　感化／3　貧児教育／4　保育
　　第3節　社会事業期から厚生事業期までの子どもの保護 …… 48
　　　　　1　子どもと労働／2　子どもの施設の動向／3　法制度の整備／4　厚生省社会局児童課の誕生

第5章　ひとり親家庭福祉史 …………………………………… 53
　　第1節　前　史 ……………………………………………………… 53
　　　　　1　恤救規則による救済／2　救護法による救済／3　母子扶助法案の動向
　　第2節　母子保護法の制定 ………………………………………… 56
　　　　　1　母子保護法制定の趣旨／2　母子保護法／3　母子保護法による保護の対象と保護状況
　　第3節　戦中における母子保護 …………………………………… 60
　　　　　1　戦時厚生事業への変質の中で／2　母子保護法成立の社会的背景

第6章　経済保護事業史 ………………………………………… 63
　　第1節　成立の背景と時期区分 …………………………………… 63
　　　　　1　成立の背景／2　時期区分
　　第2節　経済保護の内容と変遷 …………………………………… 65
　　　　　1　登場期／2　展開期／3　確立期

第3節　経済保護の意義と限界 …………………………………… 70
　　　　1　経済保護事業の意義／2　経済保護事業の限界

第7章　保健医療史 ………………………………………………………… 75
　　第1節　近代公衆衛生事業のはじまり ………………………… 75
　　　　1　感染症対策事業の開始／2　公衆衛生事業の展開／3　民間事業の発達／4　医療保護事業としての発展
　　第2節　医療保護事業の展開 …………………………………… 77
　　　　1　精神障害／2　肺結核／3　ハンセン病
　　第3節　社会事業における発展 ………………………………… 79
　　　　1　セツルメント事業／2　スペイン風邪／3　関東大震災／4　内務省
　　第4節　厚生省の誕生 …………………………………………… 82
　　　　1　保健所の創設／2　厚生省の組織／3　厚生事業の推進

第8章　地域福祉史 ………………………………………………………… 85
　　第1節　地域福祉の萌芽 ………………………………………… 85
　　　　1　近代社会と地域の困窮／2　民間の地域実践／3　慈善事業の組織化と地方改良運動
　　第2節　地域実践の本格的展開 ………………………………… 88
　　　　1　社会事業の成立／2　方面委員制度と社会事業協会／3　セツルメントの発展と限界
　　第3節　地域実践の変質 ………………………………………… 91
　　　　1　農村の困窮／2　社会事業の組織化／3　戦時下の地域

第9章　社会福祉法制史 …………………………………………………… 95
　　第1節　明治時代 ………………………………………………… 95
　　　　1　恤救規則制定前後の時期／2　感化法制定前後の時期
　　第2節　大正時代 ………………………………………………… 99
　　　　1　大正時代前半／2　大正時代後半
　　第3節　昭和時代 ………………………………………………… 100

　　　　　　　　1　救護法の制定／2　社会事業法の制定とその後

第10章　社会福祉従事者史 …………………………………… 105
第1節　戦前日本の社会福祉従事者の実態 ……………………… 105
第2節　戦前日本の社会福祉従事者論 …………………………… 107
第3節　戦前日本の社会事業教育 ………………………………… 109

第11章　施設史 ……………………………………………………… 113
第1節　施設史の概要 ……………………………………………… 113
第2節　慈善救済事業・感化救済事業期の施設史 ……………… 114
　　　　　　　　1　明治初期の施設史／2　明治中期の施設史／3　明治後期の施設史
第3節　社会事業期の施設史 ……………………………………… 120
　　　　　　　　1　大正時代の福祉施設／2　昭和戦前期の福祉施設

第12章　社会福祉方法論史 ……………………………………… 123
第1節　ケースワーク論の導入 …………………………………… 123
第2節　戦前のケースワーク論 …………………………………… 124
　　　　　　　　1　三好豊太郎によるケースワーク論の紹介／2　小澤一によるケースワーク論の紹介／3　福山政一によるケースワーク論の紹介／4　竹内愛二によるケースワーク論の紹介

第13章　社会福祉思想史 ………………………………………… 131
第1節　明治期の救済思想 ………………………………………… 131
　　　　　　　　1　慈善思想／2　感化救済事業の思想
第2節　大正から昭和初期までの社会事業思想 ………………… 134
　　　　　　　　1　宗教者が示した思想／2　田子一民と生江孝之の思想／3　海野幸徳の思想
第3節　厚生事業期の救済思想 …………………………………… 138
　　　　　　　　1　山口正の思想／2　竹中勝男の思想

第14章　近代以前の系譜 ………………………………………… 141
第1節　近代以前の系譜の位置づけ ……………………………… 141

第2節　公的救済制度の系譜 ………………………………… 142
　　　　1　古代律令国家における公的救済制度としての「賑給」
　　　　／2　中世封建社会における村落共同体の相互扶助組織で
　　　　ある「惣」／3　近世幕藩体制下における諸施策
　　第3節　慈善活動の系譜 ……………………………………… 144
　　　　1　仏教思想に基づく慈善活動／2　キリスト教に基づく
　　　　慈善活動／3　儒教思想による慈善・救済

第15章　年　表 ………………………………………………… 149
事項索引　159
人名索引　163
執筆者一覧　166

第1章　近代日本の社会福祉史

はじめに

　この章では，わが国における明治以降の社会福祉史の概要を，特に救貧制度の展開を中心にして述べる．障害者，児童福祉等の領域別の社会福祉史を学ぶとき，このような全体的な歴史の流れをつかむことは意義がある．一般に，第2次世界大戦が終わるまでの社会福祉史は，①慈善事業（明治初期〜日露戦争頃まで），②感化救済事業（日露戦争後〜第1次世界大戦頃まで），③社会事業（第1次世界大戦後〜昭和12年頃まで），④厚生事業（昭和12年頃〜第2次世界大戦の終戦まで）とに区分される[1]．名称が変遷しただけではなく，それぞれの時期区分において，その時代の経済，社会，文化，政治状況等の影響を受けながら，社会福祉政策や制度，社会福祉の思想や実践が，明らかに独自な特徴をもって展開された．

第1節　明治初期の慈善事業

　この時期は，明治初期の近代国家の形成期から明治20年代の産業革命期頃までの時期に当たる．「慈恵慈善事業」と呼ぶこともある．生活困窮者は，家族や親族，近隣や地域社会の自助努力や相互扶助によって救済すべきであること，救貧制度は国家の社会的責任において行う性格のものではなく，富裕層や篤志家等による慈恵的な事業である，などが強調された．
　1868（明治元）年，明治新政府は，天皇を中心とした専制的な中央集権国家の確立をめざした．政府が経済の資本主義化を急いだことから，幕末から

の貧困問題に加えて，新しい救済問題が生まれた．そのうえ，1871年，廃藩置県を実施したことから，幕府や各藩の救貧政策や救済制度に代わる新たな国家的な救貧制度をつくらなければならなかったが，公的な救貧政策は立ち遅れた．

　明治初期の救貧制度についてみると，まず，1868年の「堕胎禁止令」を達し，1871年，「太政官達県治条例」中に「窮民一時救助規則」を定めた．さらに，旅の途中で病気や怪我で倒れたり亡くなった者への救済に関する「行旅病人取扱規則」（1878年改正）を制定した．

　「棄児養育米給与方」（1871年），「三子出産ノ貧困者ヘ養育料給与方」（1873年）等をもうけた．「棄児養育米給与方」は，棄児の養育に対して，年々7斗の養育米を「当歳ヨリ十五歳迄」（1873年に満13歳に引き下げられた）に支給し，3子を出産した貧困者へは「一時金五円」を給与するものである．実質的には効果の少ないものであった．

　明治初期の代表的な救貧立法として，1874年12月，「恤救規則」（太政官達）が制定された．封建制度の解体により民衆の貧困問題に新たな対応が迫られ，幕府や諸藩の慈恵策を天皇制国家によって再編成したものであった．その救済対象者は，つぎの通りである（「恤救規則」（明治7年12月8日，太政官通達162号）．

　一，極貧ノ者独身ニテ廃疾ニ罹リ産業ヲ営ム能ハサル者
　一，同独身ニテ七十年以上ノ者重病或ハ老衰シテ産業ヲ営ム能ハサル者
　一，同独身ニテ疾病ニ罹リ産業ヲ営ム能ハサル者
　一，同独身ニテ十三年以下ノ者

　救済の方法は給与米の給付によったが，働く能力のある者や，家族・親族等の身寄りのある者は対象外として，それに当てはまらない「無告ノ窮民」に制限した．「恤救規則」は，1931（昭和6）年まで，わが国の唯一の公的扶助法として存続した．

　この間の救済率（総人口に対する千分比）は0.05（1911年，救済人員2,718人）から0.46（1892年，救済人員18,545人）までの率の推移である．府県によ

って救済率に格差があり，救済された窮民はわずかな者に限られた[2]．

当時，民衆は劣悪な生活環境の中で暮らしていたが，特に，農村の自然災害による凶作に対応するために，1880年，「備荒儲蓄法」が制定された．

第2節　産業革命期の慈善事業

明治20年代は，わが国の産業革命期に当たる．国の社会福祉に対する消極的な姿勢から，1890年12月の第1回帝国議会に，「恤救規則」に代わる救貧法案として「窮民救助法」案が提出されたものの立法化までには至らず，公的救済政策は「恤救規則」体制が続いた．この時期の特徴として，宗教家や篤志家による民間の慈善事業が児童施設を中心に広がったことが挙げられる[3]．

1889年，大日本帝国憲法が発布されるなど近代国家としての機構が整備されつつあったが，政府は資本蓄積・増殖産業，富国強兵の国家目標を最優先の課題としたので，民衆の生活への配慮は後回しにされた．日清戦争の終了した1895年以降，日本の資本主義は発展を遂げたものの，農村では寄生地主制が確立し農民の窮乏化が進み，他方，東京や大阪等の都市においては下層階層（細民）のスラム街が出現した．この間，「工女」「娼妓」等の社会問題もあらわれ始めた．このような社会状況の中で，1901年，幸徳秋水，片山潜らは，社会問題の解決を社会改良にとどまらず，資本主義そのものを問題にし，初の社会主義政党である社会民主党を結成したが，即刻解散させられた．労働運動も芽生え始めたが，政府は抑圧する姿勢を取った．

日清戦争後，産業構造の変化によって人々の往来が激しくなったのにともない，1899年，「行旅病人及行旅死亡人取扱法」を定めた．しかし，この法でも，行旅病人は所在の市町村長が「之ヲ救護スヘシ」として，その救助義務を負わせ，救護費用は被保護者か扶養義務者の負担とした．公費負担の原則は採らなかった．同年には，「北海道旧土人保護法」も公布され，アイヌ民族の「同化」政策が始まった．

1891年の濃尾大地震（死者7,273人），1896年の三陸津波（同23,309人）など

により，各地に無数の罹災窮民や要保護児童が生み出された．それらの救済のために民間の慈善事業が興った．1899年，一部に救貧的な性格をもつ「罹災救助基金法」が成立した．他方，わが国でも社会調査が行われ，1899年，横山源之助は『日本之下層社会』を著し，民間人による最初の社会調査となった．内務省は1898年，各府県に細民生計の状況を調査報告させたほか，農商務省でも工場の職工の生活状態を調査し，1903年に『職工事情』を刊行した．

1904年，「下士兵卒家族救助令」が公布された．日露戦争に出征した下士兵卒の家族で生活に困窮している者を対象に，国費でもって救助することを規定した．ようやく国の公的扶助義務が認められたが，対象者は出征軍人家族に限られた．

第3節　明治末期の感化救済事業

この時期は，日露戦争後の1905年頃から，1920年頃に成立する社会事業までの間である．明治末期，政府は，高まる社会問題や社会運動に対応するために，天皇制国家体制を強化し地域の再編によって乗り切ろうとした．感化救済事業に，社会運動の防波堤の役割を期待し，善良な国民づくりのための感化訓育を図ろうとした．それまでの民間の慈善事業は次第に国家の統制のもとに組み込まれ，国の救貧行政を代替した．

日露戦争後，政府は，欧米諸国並みの国力に追いつくために資本の蓄積と軍事力の増強を図った．戦争において8万8,000人にも及ぶ多数の戦死者を出し多大な戦費を費消し，国民生活は困窮した．ちなみに，内務省が行った細民調査（1911年）などから都市の下層社会の劣悪な生活実態が明らかにされた．そのために各地で労働争議や農村の疲弊による農民騒動が多発したが，政府は，社会主義に代表される社会運動（1911年の大逆事件など）には弾圧を加えた．

この時期の感化救済事業は，まず，国が「感化救済事業講習会」を積極的

に開催したことである．地方の各社会事業団体を中央の指導・統制に服させようとし，道府県において各種の社会事業に従事する指導者を国家的に養成し始めた．内務省主催による感化救済事業講習会が，1908年から1914年まで，毎年1回，東京で行われ，1915年からは地方講習会に変更し，地方都市でも年2回から4回の割合で開かれた．1922年，通算29回を数えて終えた．

ところで，1908年，政府は「国費救助ノ濫給矯正方ノ件」と題する内務省地方局長通牒を発したが，貧困や社会問題に対し社会的原因を認めず，救貧政策において国費救助を抑制しようとするもので，公的救済の放棄を意味した．代わって，「隣保相扶ノ情誼」を強め，共同体での相互扶助と地方自治体に救貧責任を転嫁した．同年より，政府は全国の感化救済事業に対して奨励助成金などを下附したが，国家からの恩典・恩恵と位置付けた．

具体的な感化救済事業の展開であるが，1908年に「感化法」が一部改正されて公立の感化院が相次いで設立されたり，民間人による乳幼児の保育施設（保育院，託児所等）が各地に創設された．また，1911年，病気に罹っている生活困難者（窮民）に対し「施薬給療以テ済生ノ道ヲ弘メム」とし，「施薬救療ノ勅語」が発せられ，この後，わが国の施薬救療事業が発展した．これを受けて恩賜財団済生会が設立された．他に，防貧事業として，民間団体による宿泊保護や職業紹介事業が進められた．

第4節　大正期の社会事業

1920年頃から社会事業の名称が一般に用いられた．1918年の米騒動は，わが国の初めての本格的な民衆運動となったばかりか，原敬内閣を成立させ，それまでの専制政治に代わって政党政治が始まるきっかけをつくった．国民は民主主義と生存権への願いを強めた．社会福祉の思想においても公的扶助義務の考え方が現れた．すなわち，貧困問題を個人の責任に帰することだけではなく「社会貧」と見て，その解決には「社会的連帯責任」の必要性を認識するに至った（『社会事業』第5巻第1号，1921年）．これまでにはなかった

「社会改良」「労資協調」などをうたった新しい社会事業が展開された．

　1914年，日本は第1次世界大戦に連合国側に立って参戦したことから，軍需産業を中心に重工業が発展した．財閥による独占資本が次第に大きくなる一方で，工場で働く者も増えた．しかしながら，大戦後の恐慌によって，物価が高騰し農産物価格が暴落した．そのために，都市の下層労働者は貧困化し，農村でも貧農層はさらに打撃を受けた．1916年，政府は階級対立が深まるのを防ぐために「工場法」を実施した．同法には限界があったものの最初の労働者の保護法であった．

　この時期の社会事業としては，1つは経済保護事業の開始である．都市下層の生活困難への対策として，公設市場，公益質屋，公営住宅などの施設が増加した．失業保護では職業紹介事業，公共土木事業などが施された．2つは，乳幼児・児童・母子保健事業である．3つは，国民一般を対象とした医療保護事業も展開し始めた．

　さらに，この時期に誕生した方面委員制度は特筆される．1917年，岡山県では，地域の有力者を「済世顧問」に任命して組織的救済を始めた．この制度は，知事が地域に住む民間の篤志家等に，その地域住民の救貧活動を委嘱するというもので，今日の民生・児童委員制度の源となった．個人の生活援助を内容とする社会事業の推進において地域委員の役割は大きいものであった．[7]

　翌18年，東京では「東京府慈善協会」による救済委員制度が，また，大阪では大阪府方面委員制度が設置された．大阪府の場合，委員が担当する区域を小学校通学区域に分け，その区域内の小学校その他適当な場所に事務所を設け，方面委員は行政と連携して，救護を要する者の状態を調査し，その救済の方法を探し的確な処遇の途を見出そうとした．この制度の立案者は，府の嘱託であった小河滋次郎であった．この制度は，この時期の社会事業の指標といわれた，①事業の社会化・組織化のほか，②方面委員による専門化，③調査に基づく処遇の科学化，④貧困の予防化などの特徴をもっていた（小河滋次郎『社会事業と方面委員』1924年）．国の方面委員制度の政策を先取り

表1-1　方面委員制度の普及状況（1917～1926年）

年次	府県名
1917	岡山県済世顧問
1918	大阪府，東京府慈善協会救済委員
1919	埼玉共済会，兵庫県救護視察員
1920	東京市，京都府公同委員，横浜市，長崎市，広島市，青森共済会共済委員
1921	岡山県済世委員，滋賀県補導委員，岐阜県奉仕委員，尾道市
1922	北海道補導委員，静岡県，福島県共済委員，石川県社会改良委員
1923	三重県，鳥取県共済委員，愛知県，長野県，愛媛県，鹿児島県社会事業協会補導委員，群馬県伊勢崎町，新潟市，高岡市，鶏鳴学館（香川県），尼崎市
1924	佐賀県，栃木県社会事業協会輔導委員，宇部市，山口県，前橋市，高崎市，桐生市
1925	群馬県，広島県指導委員，宮城県奉仕委員，山形県，福岡県，高松市，尾久町（東京），亀戸町（東京）社会委員
1926	兵庫県，長崎県，茨城県，秋田県，和歌山県社会匡済員，盛岡市方面監察員，八王子市（府県市町だけの記載は方面委員）

出典：池田敬正ほか編『日本社会福祉の歴史』ミネルヴァ書房，2005年，p.88より．

するものであった．方面委員は行政の事業を肩代わりする役割を担ったが，地域の相談活動も展開した．

　救貧政策として，1917年，「軍事救護法」が制定された．「下士兵卒家族救助令」を改正し国家による扶助を明確にし，傷病兵，下士兵卒，その家族・遺家族の救護を定めたものであるが，軍人優遇政策として一般国民の救護とは別の趣旨に立っていた．

　ほかにも，公私のセツルメント運動が活発となり，社会事業の成立に大きな役割を担った．都市の下層労働者の新しい生活課題に応えようとした．セツルメント活動は，やがて「隣保事業」といわれ，昭和恐慌期以降は本来の活動は困難となって「社会教化事業」として位置づけられた．他方，大正デモクラシーの高揚は，1925年に「普通選挙法」を成立させたが，抱き合わせて表現・集会の自由を制限する「治安維持法」も制定された．

第5節　昭和恐慌期の社会事業

　この時期は，昭和の初めの1927年頃から1937年頃までである．
　1927年の金融恐慌から1929年の世界恐慌は，わが国の紡績業，織物業等を直撃したために解雇による失業者が相次ぎ，1930年の国勢調査では32万

2,527人を数えている．この時期，労働争議が絶えなかった．

　1930年，農村も深刻な農業恐慌にみまわれ，繭価の暴落から始まり主要農産物は暴落し，貧農層はさらに窮乏化した．政府は，経済的不況の状況を中国侵略によって打開しようと，1931年日中戦争（満州事変）を始めた．

　1934年，東北地方の凶作地では，米作が平年の4割減収となった．このため農民は困窮の淵に立たされ，数多くの困窮児や欠食児が生み出され，婦女子の身売りも相次いだ．全国的にも小作争議が激発し深刻な社会問題となった．

　まず，農村社会事業と無産者運動について述べる．昭和初期の恐慌下，農村社会事業が展開され，農山漁村経済更生運動の一環として，農繁期託児所や農村隣保館などが全国各地に設けられ進展を見せた．都市部における無産者運動も高まりをみせ，無産者診療所（東京，大阪），無産託児所（東京）が開設されたが，政府の社会運動への抑制的な政策の中でわずかな活動で停止させられた．

　次は「救護法」の公布（1929年）と実施（1932年）である．昭和恐慌が始まると，貧困層を救助するには，被救助資格が制限的な「恤救規則」では対応ができなくなり，この社会的需要に応じた救貧制度を確立する必要に迫られた．1927年，内務大臣の諮問機関である社会事業調査会は，「一般救護ニ関スル体系（答申）」を提出し，「救貧ノ客体（救済対象）」の範囲を拡張することや，救助は市町村の義務とし国及び道府県は市町村に一定の補助をなすことなど，国や地方公共団体の救済責任を明確にした公的扶助義務主義の要綱を答申した．「救護法」案は帝国議会で可決され，1929年に公布された．

　しかし，政府は財政難から「救護法」の実施に難渋を示した．1930年，全国の方面委員らが中心となって実施期成同盟会が結成され，議会への実施要望の陳情などの活動を展開し，天皇への上奏までを決意した．その甲斐もあって1932年1月から実施された．被受給者の権利として実現したのではなく，恩恵的，慈恵的に受け入れてもらったという，時代の限界性をもっていたが，当時，地域において直接生活困窮者と接していた方面委員が組織的に活動を

継続し，ついには政府を動かしたことは画期的なことであった．

「救護法」が定めた被救護者は，「一，六十五歳以上ノ老衰者，二，十三歳以下ノ幼者，三，妊産婦，四，不具廃疾，疾病，傷痍其ノ他精神又ハ身体ノ障碍ニ依リ労務ヲ行フニ故障アル者」のうち，「貧困ノ為生活スルコト能ハザルトキ」は，本法によって救護する（第1条）としている．労働能力のある者は救貧制度より除外した．また，被救護者は選挙権が停止された．救護の種類を「生活扶助，医療，助産，生業扶助」まで拡大し，救護費は市町村の負担とし国庫が「二分ノ一以内」を補助することを定めた．

救護の方法は，金銭の給付を主とした在宅救護と，養老院，孤児院，病院等の救護施設へ収容して救護する方法が採られた．1937年，法改正が行われ，救護費の国庫補助率を「二分ノ一」とした．『日本社会事業年鑑』の統計によると，1931年の救護人員は全国で1万8,118人であったが，年々増加し，5年後の1936年には22万5,000人に達した[9]．しかし，前年の1935年，方面委員が援助対象者として登録した数は206万人であったので，救護を必要とした人の1割しか適用を受けられなかった[10]．

1937年，「方面委員令」が施行され，全国で，約2万人の民間人が方面委員として道府県に置かれ，方面委員は救護事務に関し市町村長を補助する機関となった．また，担任区域内の住居者の生活状況の調査，同じく担任区域内の「扶掖ヲ要スル者」の救護に遺漏のないようにするほか，被救護者の自立向上を図るために必要な指導，社会施設との連絡，援助（第6条）などが職務となった．方面委員はやがて戦時下では，活動範囲も広がり，軍事援護，徴用援護と関わるなど戦時体制と一体化した．

第6節　日中・太平洋戦争と戦時厚生事業

政府は，昭和恐慌からの回復ができないまま，その打開をさらなる中国への侵略政策で図ろうとし，1937年，日中全面戦争に突入した．

この時期区分は1937年頃から終戦までである．そのうち，1937年頃から

1940年頃までは，昭和初期の社会事業が，次第に，戦時厚生事業へと移行する過渡的な時期であった．1940年頃には，戦争遂行を目的とする戦時下の厚生事業として確立した．[11] 戦時下の厚生事業は，戦争遂行と「高度国防国家の建設」をめざし，「人的資源の保護育成」を目標とした．1941年12月，第2次世界大戦戦争が勃発し，いっそうその目的を明確にした．

ところで，1937年，それまでの「救護法」に加えて，「母子保護法」が制定された．1937年には「軍事救護法」が改正されて「軍事扶助法」となった．「母子保護法」は「救護法」をさらに発展させる意図もあったが，戦時体制下では，国家目的遂行のため，軍人並びにその家族遺族に対する援護を目的とした「軍事扶助法」が優先的に取り扱われた．

1938年1月，兵士や産業を担う労働者の体位向上を中心的に担う省として厚生省が設置され，当初，体力，衛生，予防，社会，労働の5局が置かれた．当時，国民の栄養摂取量の低下，労働強化による疾病の広がりから国民体位の低下が指摘され，この事態を憂慮した陸軍省が，厚生省の設置を強く主張したといわれる．[12]

1938年4月には「国家総動員法」が公布され，あらゆる国民生活は戦時体制へ組み込まれた．1938年7月から「社会事業法」が施行され，私設社会事業に対する公的な補助が制度化された．そこでは，私設社会事業の範囲を定め，政府が予算の許す限り補助することができることなどを規定した．「救護法」の委託施設になった場合，委託費の受給によって事業費の負担軽減にはなったものの分配額はわずかで実効性が乏しかった．同年には「国民健康保険法」も制定され，「健康保険法」の対象にならない国民を対象とした．皮肉にも，戦時下の社会事業は限定主義，劣等処遇をこえて普遍主義を採ることとなった．[13]

1939年頃から物価の統制や生活必需品の配給制度がつくられた．他方で地域組織の再編により隣組の組織（「内務省訓令，1940年）による隣保相扶精神の振興が図られた．このように，厚生事業と生産力，軍事力との結合がさらに強まった．

表1-2 救済人員の推移 （単位：千人）

	救護法	軍事扶助法	母子保護法	医療保護法	戦時災害保護法	総人数
1943	128.4	1,977.2	110.0	207.2	2.2	2,425.0
1944	148.0	2,480.0	110.9	217.4	1,163.6	4,119.9
1945	93.3	2,979.6	85.4	193.6	15,977.7	19,329.6

出典：池田敬正・池本美和子「統計資料」『日本福祉史講義』高菅出版，2002年，p.5より．

　1940年以降になると，厚生事業は，救貧だけではなく軍事援護，徴用援護とも関わり，地域の部落会町内会等との連携を深めた．

　1941年に「労働者年金保険法」が公布され，1944年に改正されて「厚生年金保険法」となった．この法律は，戦争政策を進めるための意図を持っていたが，「健康保険法」制度と合わせて戦後のわが国の社会保険制度へ発展的に継続することになった．

　戦争末期の厚生事業では，1942年には「戦時災害保護法」が制定された．空襲等による被災者の救済を目的にしたこの法律は，「救護法」と異なり，被保護者は選挙権の停止はされなかった．国民を平等に国費によって保護する性格をもっていたが，事実上，機能しないまま破綻した．戦時厚生事業は，軍事援助事業をはじめとして，健民健兵の政策上，母性保護，児童愛護，医療保護の分野は重視された．他方で，「救護法」の対象である被救護世帯や，重度の心身障害者や疾病をもつ施設入所者は人的資源の面からないがしろにされる傾向があった．

　私設社会事業は独自性を発揮できないまま，国の厚生事業政策に組み込まれ，戦時体制への協力を余儀なくされた．1945年8月，国内外に多数の犠牲者を出し敗戦を迎えた．

おわりに

　戦前，いろいろな困難な中で社会福祉に身を賭した人たちも多い．そのような鉱脈を今も掘り当てていかなければならない．戦後の社会福祉の理念や実践は，戦時下の厚生事業の制度や実践の流れにつながっている．例えば，

医療保険や年金制度，地域福祉における民生・児童委員制度などは，戦前の制度を発展的に継承したもので，戦前の思想や実践を内包して展開されてきたように思う．今なお，この章で展開してきた明治以降の社会福祉の歴史から何を学ぶべきかを吟味，検討することは大きな意義がある．

注

1) 時代・時期区分のほか，随所で，菊池正治ほか編『日本社会福祉の歴史』（2005年）を基礎的な文献として依拠した．
2) 池田敬正『日本社会福祉史』法律文化社，1997年，p.194.
3) 右田紀久恵・高澤武司・古川孝順編『社会福祉の歴史』有斐閣選書，2001年，p.224.
4) 吉田久一『新・日本社会事業の歴史』勁草書房，2004年，p.188.
5) 菊池正治ほか編『日本社会福祉の歴史』ミネルヴァ書房，2005年，p.60.
6) 菊池正治ほか編『日本社会福祉の歴史』ミネルヴァ書房，2005年，p.82.
7) 池田敬正『日本における社会福祉のあゆみ』法律文化社，2000年，p.125.
8) 菊池正治ほか編『日本社会福祉の歴史』ミネルヴァ書房，2005年，p.101.
9) 池田敬正『日本における社会福祉のあゆみ』法律文化社，2000年，p.198.
10) 野本三吉『社会福祉事業の歴史』明石書店，2001年，p.105.
11) 吉田久一『新・日本社会事業の歴史』勁草書房，2004年，p.273.
12) 池田敬正・池本美和子『日本福祉史講義』高菅出版，2002年，p.194.
13) 野本三吉『社会福祉事業の歴史』明石書店，2001年，p.119.

参考文献

池田敬正・土井洋一編『日本社会福祉綜合年表』法律文化社，2000年．
一番ヶ瀬康子『社会福祉の歴史』（『著作集』2巻）労働旬報社，1994年．

第2章　高齢者福祉史

第1節　明治期の救貧救済対策と養老院

　高齢者福祉の歴史は，他の領域と同様に，国の社会的，経済的諸状況によって変動してきた．また，養老，救済等と呼ばれていた施設（以下，養老院）も国の政策によって影響を受けてきた．この章では，明治期の慈善事業から戦時厚生事業までの高齢者福祉の歴史（以下，養老事業）がいかに変貌していったか概説する．

1　救貧救護対策

　1874（明治7）年，太政官達により「恤救規則」が制定された．「恤救規則」は，その前文で「済貧恤窮ハ人民相互ノ情誼ニ因テ」と規定し，貧困者の救済は親族，隣保相扶を前提とした．よって高齢者は家族で扶養することが原則であり，血縁共同体・地縁共同体による救済が第一主義であった．高齢者対策は救貧救護対策に源流があり，明治初期において，高齢者への特別な対応策は取られなかったといってよい．

　1890（明治23）年12月に第1回議会に「窮民救助法案」が提出された．この法案は救済の実施を貧困者の所在の市町村が当たることを定め，これまでの救貧関連規則を統合し，一本化を図るものであった．だが，「窮民救助法案」は衆議院本会議で否決された．貧困者への救済は隣保相互の情誼が本道であり，制定の必要性が容認されなかったのであった．以来，「恤救規則」が明治，大正期を通して救貧救護の国家対策として位置づけられた．なお，1897（明治30）年2月に議員提案として「恤救法案」「救貧税法案」が第10

回議会に提出されたが，この法案も廃案となった．

　1912（明治45）年3月には，立憲国民党の福本誠によって第28回議会に「養老法案」[1]が提出された．「養老法案」の第1条には「年齢満七十歳ニ達シ無資産無収入ニシテ且保護者ナキ者ニハ一日ニ養老金十銭ヲ給与ス」第2条には「年齢満七十歳ニ達シ無資産ニシテ一年ノ収入額金三十六円五十銭ニ充タス且保護者ナキ者ニハ一日ニ養老金十銭以下ヲ給与ス」と規定されていた．議会に提出されたこの法案は9名の委員による「養老法案ニ関スル委員会」に付託されることになったが，「未決，委員会付託」の刻印が押されたままで，成立に至らなかった[2]．なお，高齢者領域の「養老法案」は不成立となったが，その他の救済関係法令として，「行旅病人及行旅死亡人取扱法」および「罹災救助基金法」が1899（明治32）年に制定された．翌1900（明治33）年には「感化法」が公布された．ただし，こうした一部の公的救済の立法化は見られたが，上記の制度をもって救貧救済対策が大成したとはいえない時代であった．1894（明治27）年に「日清戦争」，1904（明治37）年には「日露戦争」が始まり，軍国化が強化されていく時代背景があった．

2　養老院と慈善救済

　高橋梵仙は「明治初期の養老院」（1923年）において以下のように述べている．「明治の初年に於て見たならば，何程ありしや不明なるも，殆ど十指を屈するに過ぎなかったのではあるまいか．当時は現今の養老院とは聊か趣を異にして，官立公立のものは殆ど無く，唯東京市養育院の前身と目すべきものがある位のものであった．其の他は全く個人又は寺院に依って経営せられるという極く小規模のもののみであって（中略）」[3]このように明治の初期には養老院と名の付くものはなく，「養老院の名称で老人だけの保護を始めたのは明治二十八年（1895年）の聖ヒルダ養老院であった[4]」との指摘がある．1864（元治元）年加賀藩の藩士であった小野太三郎は困窮者に対して救済活動を行い，1873（明治6）年には金沢市内に家屋を1棟購入し，生活困窮者の収容にあたった．これが「小野慈善院」に該当する．その後，「東京市養

育」（明治5年），「大勧進養育院」（明治15年），「富山慈済院」（明治27年），「聖ヒルダ養老院」（明治28年），「小樽育成院」（明治31年），「広済舎」（明治32年），「函館慈恵院」（明治33年）等が創立された．この当時の施設は高齢者のみだけでなく，生活困窮者全般を収容しており，養老事業専門の施設は明治後期から始動するようになった．

「養老院」の名称で施設が創設されたのは1895（明治28）年の「聖ヒルダ養老院」，また1899（明治32）年の「神戸養老院」（当初は友愛養老院）であった．1901（明治34年）には「名古屋養老院」（当初は空也養老院），1902（明治35）年には「大阪養老院」，1903（明治36）年には「東京養老院」，1906（明治39）年には「奈良養老院」，1908（明治41）年には「岐阜養老院」が誕生した．これらの養老院は篤志家の慈善救済事業として機能していったが，養老院は児童関係施設に比較して数が少なく，「養老事業」の名の付く事業が展開していくのは大正中期以降を待たなければならなかった．また，当時，高齢者は伝統的家族制度による私的扶養が醇風美俗として強調されており，高齢者への社会問題に対する国家としての認識は薄かったといえよう．その象徴が先に述べた「養老法案」の不成立にある．

「養老法案」には「養老法案理由書」が付けられていたが，その冒頭は次の文章であった．

> 「立国ノ本旨タル，主トシテ国民ノ生命ヲ保護スルニ在リ．之ヲ国家ノ上ヨリ言ヘバ，軍備ヲ修ムルモ之ガ為ナリ，警察ヲ設クルモ之ガ為ナリ．一民ノ外国ニ於テ殺害セラルヽアリテ，其ノ直ヲ得ザレバ国家間罪ノ師ヲ発スルモ亦之ガ為ナルナリ．更ニ之ヲ人民ノ上ヨリ言ヘバ，法律ニ遵フモ之ガ為ナリ．租税ヲ納ムルモ之ガ為ナリ．国民皆兵ヲ義務トシ，挙リテ国防ニ従事スルモ亦之ガ為ナルナリ．
>
> 然ルニ国内ヲ通観スレバ窮老ノ良民ニシテ煢独倚ル所ナク，其ノ生命ヲ保タザル者アリ．之ヲ最近ノ統計ニ徴スルニ，七十歳以上ノ老窮者ニシテ自殺スル者年々平均九百三十八人ヲ出セリ．是レ其ノ最悲惨ナル徴証ニハ

非ズヤ.」

　しかし，この法案は多数の賛成者を得ることができず成立しなかった．
　なお，1909（明治42）年2月，内務省より全国の優良救済事業に奨励金が下付された．また明治期の終わりから大正期初頭にかけて府県の奨励金，助成金もみられるようになった．明治40年代初頭は，日露戦争後の不況期であり，内務省が6大都市に補助金を出して職業紹介所を設置することを奨励した時代であった．つまり，失業者増加の混乱を沈静化させ，一方では慈善救済事業への国家的統制を意図した対策が取られた．1909（明治42）年の内務省の奨励金は桂太郎内閣当時の慈善救済事業への微々たる恩賞であった．なお，恩賞によって養老院の財源が安定化したわけではなく，施設経営者は独自の手法で経営の維持に努力を重ねていった．

第2節　大正期の社会事業と養老事業

1　社会事業の成立

　1894（明治27）年7月，日清戦争が始まった．1900（明治33）年5月には北清事変，同年6月の義和団事件に日本出兵があり，戦死者や傷病兵，遺家族が増加した．こうした戦時下の中で生活困窮者も多くなった．1904（明治37）年2月には日本はロシアに宣戦，日露戦争が勃発した．政府は1904（明治37）年4月「下士兵卒家族救助令」を公布し，また1906（明治39）年4月には「廃兵院法」を公布した．1914（大正3）年8月にはドイツに宣戦を布告し，第1次世界大戦に参加した．こうした大戦の勃発により，物価の高騰，生活困窮者の著しい増加等に対処するため，1917（大正6）年7月に「軍事救護法」が公布された．こうした軍事援護対策が取られる中，その対策は国民生活の犠牲の上に拡大し，社会改良を求める労働運動，農民運動も激化していった．1918（大正7）年には米騒動が起こり全国に波及した．

「軍事救護法」が公布された1917（大正6）年には「内務省分課規程」を改正し，「地方局」に「救護課」を設置，1919（大正8）年「内務省地方局救護課」を「社会課」とし，1920（大正9）年に入り内務省に「社会局」を設置した．同年には宮城，茨城，静岡，愛知，三重，和歌山，京都，岡山，長崎の府県に「社会事業主管課」が設置された[6]．1918（大正7）年に内務大臣の諮問機関として「救済事業調査会」が設けられたが，1921（大正10）年には「社会事業調査会」へと改称された．同年に「社会事業調査会」は「少年法案」「矯正院法案」の修正を各大臣に提示し，「職業紹介法案要綱・住宅組合法案要綱」等を決議答申した．

　1921（大正10）年3月には「中央慈善協会」が「中央社会事業協会」に改称され，「社会事業」という呼称も一般化していったのであった．「養老事業」はこうした「社会事業」への変化の流れの中で形成されていったのである．1925（大正14）年10月24日から26日まで「大阪養老院」で「第一回全国養老事業大会」が開催された．小笠原祐次はこの大会を次のように指摘している．「これまで個々の養老院で養老事業家たちが努力し，孤立の中で苦労してきたものが，ともかく共通の広場に提出され，共通認識とその協働による解決に向けて出発できる組織的な場がもたれたのである．養老事業界の近代化への出発である．」[7]

　この大会が開催されることになった経過を説明すると，1925（大正14）年5月「第七回全国社会事業大会」が開かれた際，大会に参加していた養老事業関係者14施設23名が大会3日目に芝増上寺に集まり，「第一回養老事業者懇談会」を開いた[8]．この懇談会で「第一回養老事業大会」を1925（大正14）年10月に大阪市において開催することが決まり，「大阪養老院」の岩田民次郎と「弘済会」の上山善治が中心となって準備が進められたのであった[9]．この「全国養老事業大会」が養老事業の全国的組織化の基盤となった．「第二回全国養老事業大会」は連絡事務所及び大会準備をかねて「大阪養老院」に置くことが決議されていたが，1927（昭和2）年入所高齢者の放火が原因で「大阪養老院」は全焼した．その後，1924（大正13）年12月に設立された

18　第2章　高齢者福祉史

表2-1　全国養老事業団体一覧（昭和七年七月調）

道府縣	名稱	組織	所在地	代表者	職員數	創立年月	收容人員
北海道	旭川市養育院	市立	旭川市	旭川市長			
北海道	室蘭養育院	市立	室蘭市母縫南町三ノ五	佐藤祐道	三	同三、四	五
北海道	余市養育院	會員	余市郡余市町梅川町	高橋清吉	三	同三、四	四
北海道	釧路養老園	會員	釧路市春採七	渡邊藤七	五	同三、一〇	三、七
北海道	小樽育成院養老部	財法	小樽市奥澤町五ノ一	奥水代吉	四	昭三、一一	三、七
北海道	札幌養老院	財法	札幌郡藻岩村山鼻	大竹敬助	六	大正四、一〇	三
北海道	岩内救護院	會員	岩内町老古美七五	藤田勝見	四	同四、一、五	一三
北海道	函館慈惠院附属養育部	社法	函館市五稜郭町	寺井力藏	五	明治三三、一一	一五
東京	日本救世軍聖ルカホーム	教團	同上高井戸八町目四八	福原誠三郎	六	同三、二	四六四
東京	聖ヒンセント聖ヘデウィヒ慈善會	會員	杉並區高圓寺三〇三		四	同一一、三	一、七
東京	聖ヒルダ養老院	會員	淀橋區氷川町八	水野重樹	五	大正一一、一八	一、九
東京	東京養老院	財法	瀧野川區中里町	松嶌神逸	四四	同三、六、九	三四、九
東京	東京市養育院	市立	板橋區板橋四丁目	川口寬三	七三	同五、一〇	七、六
東京	聖ヒルダ養老院	會員	麻布區龍土町六三	岸澄子	六	明治八、一〇	一三
京都	京都養老院	經團營體	京都市右京區花園館堂町	大西良慶	四	大正一〇、三	三七
京都	京都救濟院	個人	天田郡六人部村字長顧寺中	山下義光	五	明治三三、一二	三七
大阪	和泉養老院	個人	岸和田市北町一〇七	福田崇三郎	一	昭六、四	七
大阪	堺養老院	財法	堺市南瓦橋町三丁目	佐野丁准	八	同一一、八	三一
大阪	弘濟會	財法	大阪市東成區南生野町三、四〇	上山善治	七五	大正二、五	三三五
大阪	大阪養老院	財法	大阪市住吉區旭町三ノ一四	岩田長次郎	七	明治二五、一一	一九
神奈川	浴風會横濱分園	財法	横濱市保土ヶ谷區星川町	蘆澤敏夫	一七	同一五、三	九八
神奈川	横須賀救濟院		横須賀市粟田町一四〇	大西一郎		大正三、九	
神奈川	横濱市救護所	市立	横濱市中區南太田一九四七		三七	明治三五、三	八五
兵庫	尼ヶ崎養老院		尼ヶ崎市出屋敷	櫻井忠剛			
兵庫	神戸市立救護院	市立	神戸市須磨區西代轟合八	黑瀨弘志	一一	大正一三、一、七	七
兵庫	神戸養老院	會員	神戸市葺合區都由乃野町二一、五	西村祐辨	五	明治一三、一一	一三七
長崎	長崎養老院	會員	長崎市寺町三四	茂里舞龍	八	同年一三、三	一六
長崎	佐世保養老院	個人	佐世保市石免六二、五	川添詣信	四	大正一三、四	一一

第2節　大正期の社会事業と養老事業

県	施設名	経営	所在地	管理者	定員	創立		計
秋田	上宮會		秋田寺町	照井隆善			計畫中	
岩手	岩手養老院	個人	盛岡市加賀野	小原源八	一	明治	三九・七	一〇
宮城	宮城縣社會事業協會養老院	財法	仙臺市北七番町四九	三濃長治	二	昭和	三・三	一五
	石巻慈恵園	個人	牡鹿郡石巻町	千葉簾親	三	大正	一二・七	一五
長野	大勧進養育院	財法	長野市元善町四九三	原順栄	四	明治	一六・三	三五
	松本市昭和寮	市立	松本市大字桐三八一	小里頼永	四	同	四・四	一三
	慈光園	會員	上田市寺前町	柴田慧泉		同	一四・七	六
岐阜	岐阜養老院	財法	岐阜市蕪谷町三四	蒲川玄次郎	四	大正	三・四	三九
	高山養育院	會員	大野郡名田町	直井佐兵衛	二	同	一四・一	一〇
	養老華園	財法	大垣市南高橋町	東島釼八	一	同	一五・九	一一
	養老住宅	會員	恵那郡岩村町殿町	鷹見八代		昭和	六・一	一
滋賀	延壽舎	自治協會	坂田郡長濱町南呉服	大笹原司郎馬		同	三・三	五
	彦根養老院	聯合佛教會救	大上郡彦根町	下塚分四郎		同	三・六	
	高宮賑窮舎	町立	大上郡高宮町	音瀬釰平		慶應	三・五	四
	滋賀養老院	會員	大津市三井寺山内	伊東忠三	四	昭和	四・三	九
静岡	富士育兒養老院	個人	富士郡島田村依田原	戸巻俊一		同	一三・四	一〇
	静岡市救護所	市立	静岡市田町三二六	宮崎通之助	四	明治	三〇・八	一六
	濱松佛教養老院	會員	濱松市鴨江町三四九	渡邊業夫	五	昭和	三・一	一五
愛知	名古屋養老院	財法	名古屋市中區養老町	淺野懿助	四	明治	三〇・六	四〇
	名古屋市東山寮	市立	名古屋市南區瑞穂町字彌村山一	大岩勇夫	一七	大正	一五・四	六二
三重	高田慈光院	寺院	河藝郡一身田町	水沼寛厚	三	同	一〇・	六三五
	神都養老院		宇治山田市櫻木町	杉齊之助				
	四日市養老院		四日市市西新町	戸野周三郎				
栃木	栃木縣人協會	會員	下都賀郡栃木町沼和田四一	平岩八郎	一〇	大正	一〇・	一八
茨城	茨城養育院		水戸市鈴坂町七四六	根本陣平				
千葉	愛國婦人會千葉支部		千葉市千葉	大保とう子		準備中		
群馬	前橋養老院	個人	前橋市外桂萱村三長四〇	田邊熊蔵	五	明治	三六・二	二三
	高崎昭光館		高崎市下横町五	田邊鐵定		昭和	三・四	六
埼玉	熊谷養老院	會員	大里郡熊谷町一四二	坪井乏之助	三	昭和	六・三	四
新潟	新潟救護院	市立	新潟市古通十三番町	中村淑人	三	同	一二・三	一九
	三條町養老院	町立	南蒲原郡三條町西本成寺	栗山英賓	三	昭和	七・二	五八

第2章 高齢者福祉史

府県	名称	組織	所在地	代表者	従業員	創立	収容人員(男)	収容人員(女)	合計
秋田	聖園子愛兒園養老部	團體	秋田市保土野新町一〇	聖園テシヤ		大正九	九	一二	二一
福井	敦賀佛教慈善會	會員	敦賀郡敦賀町旭	岡崎孝壽		明治四一	一	七	一二
石川	能美郡廣濟會	財法	能美郡代村向本折	松岡慶忍	五	同 三二	一二	一二	
石川	小野慈善院	財法	金澤市常盤町	三飯尾次郎	六	明治 六一	六一		
富山	高岡養老院	個人	高岡市關六〇	在田如山	五	昭和六	五	五	
富山	富山慈濟院	財法	上新川郡堀川村中野	上野安太郎	六	同 三一	七	六	
島根	鄰保社松會國養老院	團體	那賀郡石見村	崎山省吾					
島根	愛隣社養老、佛教共	個人	松江市北田町四八	福田平治	三	大正九	一、四	一二	
岡山	岡山市友樂園	市立	岡山市北方六六九	平井義次郎	五	同 一、	四	一二	
岡山	服部養老院	財法	邑久郡本慈町三九三三	服部平五郎		同	一二	一〇	
岡山	報恩積善會	會員	岡山市津島三二一二	田淵はつ	四	大正 元	九	一〇	
廣島	福山養老院	市立	福山市三吉町三二六三	中野有光	六	昭和 五	三〇	三九	
廣島	廣島養老院	個人	廣島市廣瀨町六〇四	本林勝之助	八	明治 三八	六	九	
山口	保仁社	個人	豊浦郡長府町	仁保次郎					
和歌山	有田學園養老部	個人	有田郡藤並村土生四九	矢倉隆	三	同 四〇	三	一〇	
和歌山	宗教協歌山佛教各會養老院	會員	和歌山市寺町一七	渡邊行太郎	四	明治 四五	七	四	
徳島	阿波養老院	團體	徳島市下助任町新宮ノ本	中村丁諦	二	大正 五	一	九	
香川	讚岐養老院	財法	高松市宮脇町石清尾	木堂直枝	二	昭和 四	一二	一〇〇	
愛媛	愛媛養老院	會員	西宇和郡八幡濱町大平	武部魯明	一	昭和 二	八	一〇〇	
愛媛	愛媛慈惠會	財法	松山市旭町三五	仲田傳左	二	明治 三四	七	一〇〇	
高知	帝國養教濟院	會員	高知市江ノ口町	内海義熙	一	大正 元	二三	一六	
高知	高知愛國養老部	財法	高知市本町五一	高原伊左郎			四		一六
福岡	福岡愛國養老院	財法	福岡市平尾六三〇	高階龍仙	三	大正 五	三	一〇	
福岡	小倉市西山寮	會員	小倉市役所社會課	神崎ヨネ	五	大正 五	八	一〇	
大分	別府養老院	會員	別府市福永町	矢野嶺雄	二	同 四	二	一五	
佐賀	濟昭園	個人	藤津郡五田村	小佐々祖傳		昭和	三	一〇	九
佐賀	附屬佐賀佛賀養婦人會老院	財法	佐賀市與賀町一七〇	豐增龍次郎		四	同	六	一〇	三
熊本	慈愛園養老部		飽託郡軍村神水	前田愍雄					
熊本	本渡養老院	個人	天草郡本渡町						
鹿児島	鹿兒島養老院	個人	鹿兒島市高麗町一四	橘大安モドウ		大正 三三	九	三三	

合計 團體數 九　従業員 五人　収容人員 三〇四人(男一六人・女一六八人)

出典：『昭和七年七月第二回全国養老事業大会報告書』全国養老事業協会, pp. 43-48.

「浴風会浴風園」[10]が養老事業の全国組織化の準備を進めていくことになった．「浴風園」は内務省社会局の主導により創立されており，結果的には官僚主義主導型の組織化が図られていった．1932（昭和7）年には「浴風会」内に事務所が置かれ，「全国養老事業協会」が発足した．

2　大正期の養老院

　大正期の養老院の1つの特徴は組織的支援母体を持っていたことにあるといわれている[11]．一例を挙げれば1917（大正6）年創立の「佐賀養老院」，1921（大正10）年の「京都養老院」，1922（大正11）年「堺養老院」「福岡養老院」，1924（大正13）年の「佐世保養老院」，1925（大正14）年の「別府養老院」「札幌養老院」等は支援組織が存在した．矢野嶺雄が創設した「別府養老院」は「養老婦人会」が支援組織を形成していた．川添諦信が創設した「佐世保養老院」は「佐世保仏教婦人救護会」が支援組織であった．また，「福岡養老院」は支持母体の「福岡仏心会」と支援組織の「星華婦人会」の協力によって養老事業実践が展開されていた[12]．

　また，明治期にもみられたが，養老院は地域住民にいかに理解してもらえるかあるいは協力してもらえるかという養老院の地域化，社会化，広報化，あるいは支援組織の拡大のため，年報や月報その他の広報紙を発刊した．例えば，1902（明治35）年創立の「大阪養老院」は1903（明治36）年1月1日付けで「毎月一回十日発行」[13]の『養老新報』を発行した．大正期にはこうした機関紙・広報紙は経営の手法として一般化しており，収入を得る上でも重要なものであった．1924（大正13）年1月発行『神戸養老院報 KOBE OLD PEOPLE'S HOME』第16号の「決算報告　大正十二年自一月至十二月」の「収入之部」4486円96銭の内「賛助金」が2164円14銭，「寄付金」が1282円92銭，「救助金」が179円20銭となり，大半は支援組織の賛助金，団体や市民からの寄付金で成り立っていた．先の「神戸養老院」の院報は4頁の薄いものであるが，2頁から4頁は実名で「篤志家御芳名」「金員寄附者芳名」「物品寄附者芳名」「賛助員芳名」がくまなく掲載されていた．特に3頁と4頁は

「賛助員芳名」であり，以下のように区分され，事細かく個々賛助団体，賛助者名が記載されていた．ここでは賛助団体・賛助者の実名は割愛し，「区分」のみ挙げておく．「北野町山本通方面」「中山手通」「下山手通　北長狭通　花隈町」「加納町　布引町　生田町　二宮町　琴緒町　旭通」「熊内，葺合，篭池通，野崎通，上筒井通」「阪口通宮本通熊内橋通旗塚通国香通」「元町，栄町，海岸通，元居留地，三宮町，葺合方面」「平野方面」「楠町，多聞通，仲町，相生町，荒田町」「石井夢野方面」「兵庫方面」「西代，板宿，須磨方面」「監屋，乗水，明石，姫路」「西灘村，六甲村，西郷町」「御影町，住吉村」「魚崎以東尼崎方面」「大阪市住吉村方面」「堺市浜寺方面」「淡路，洲本町」「高知市」「備前香登町」[14]．上記のような市町村等やここでは割愛したが，実名は，養老院の地域化，広報化を意図しており，同時に支援団体，支援組織（会員）等によって養老院が成り立っていることを示す経営上の有力な発刊物となっていた[15]．

　こうした発刊物は「神戸養老院」だけではなく，例えば，岡山に1912（大正元）年に創設された「報恩積善会」は年次報告書として『報恩時報』『報恩積善会養老事業報告』を発行した．「名古屋養老院」は『名古屋養老院要覧』を，「岐阜養老院」は『養老院事業概況』を出していた．1932（昭和7）年に発足した「全国養老事業協会」は『養老事業』を1933（昭和8）年9月1日から発行していたが，その中の「寄贈書目」の欄には，例えば紹介すると，「護国時報　京都養老院」「弘済会報　弘済会」「育成　小樽育成院」「養老　札幌養老院」「前橋養老院事業報告　前橋養老院」「養老年報　東京養老院」「会報　大勧進養老院」「佐賀養老院年報　其院」[16]，その他機関紙，年次報告書が記載されていた．

第3節　昭和初期の養老事業と戦時厚生事業

1　救護法と養老事業

　第1次世界大戦の経済恐慌，戦後恐慌，1923（大正12）年の関東大震災等によって，国民の生活は困窮化するとともに，これまでの防貧対策，経済保護事業では対応できない社会的，経済的諸状況が昭和初期にみられた．1927（昭和2）年に入り，政府は3月「不良住宅地区改良法」「公益質屋法」を公布，同年施行された．「社会事業調査会」は同年6月「一般救護に関する体系」を答申，「失業保護施設に関する体系」を決議した．翌1928（昭和3）年6月には「雇用扶助令」を公布，同月，東京府は「要保護者調査」を実施した．また7月，内務大臣は「日本中央結核予防会」に農村結核予防の対策を諮問する等，社会事業，医療事業対策において，これまでの暫定的な対策では対応できない局面に達してきた．政府は上記，「社会事業調査会」の「一般救護に関する体系」を基盤として検討し，1929（昭和4）年3月「救護法案」を作成し，第56回議会に提出した．結果的には同年3月23日に「救護法」は成立し，同年4月2日に公布された．「救護法」は1930（昭和5）年度からの実施と付帯決議が付けられていたが，世界恐慌，昭和恐慌のあおりを受け，1930（昭和5）年度から実施されなかったのである．その後，全国の方面委員が中心となり，「救護法」実施の促進運動が起こり，1930（昭和5）年2月，「救護法実施期成同盟会」が結成された．「救護法実施促進運動は，昭和初期での社会運動としての特異，最大なもの」[17]と言われたが，この運動によって議会を動かし，1931（昭和6）年6月に「救護法」実施に向けての予算案が成立し，1932（昭和7）年1月1日から「救護法」は実施されたのであった．

　養老院は「救護法」によって「救護施設」としての認可を受けることが可能となり，公的費用として「救護費」が支給された．「救護法による公的救

済，公的補助の開始によって養老院は急速に増設されていった」[18]との指摘もあり，1929（昭和4）年には48施設であったが，1932（昭和7）年には61施設，1938（昭和13）年には90施設へと増加した[19]．ただし，「救護法」によって公的認可施設となった多くの養老院は，逆に県・市の補助金が減少したり，地域の会員等からの寄付金が集まりにくくなるという現象があらわれ[20]，かえって経営が苦しくなった．また，「救護法」は本来，居宅保護を重点に置いており，施設内の高齢者で「救護法」の対象者に該当しない高齢者も多く，居宅保護ができない病弱者等が多くなり，死亡率が増加する傾向が出た．

　1932（昭和7）年「全国養老事業協会」が設立された．事務局は東京市杉並区上高井戸（当時）の「浴風会」に置かれた．「全国養老事業協会」が設立されたことで全国の養老院の連絡調整，組織化，あるいは近代化的運営が促進した．「浴風会」が中心的役割を果たすことになった点は中央集権的色彩も濃くなったが，養老事業の全国的な近代化，推進化に繋がったことは否定できない．1932（昭和7）年7月には「第二回全国養老事業大会」が開催された．また「全国養老事業協会」は戦前3回の「全国養老事業調査」を行い，毎年1回，実務者講習会を開催した．1933（昭和8）年9月からは雑誌『養老事業』を発刊し，全国各地の養老院の近代化に貢献した．

2　社会事業法と養老事業

　戦時体制下において民間社会事業の経営は苦しくなり，特に育児事業等の閉鎖がみられた．そのため，政府は社会事業への対応策として，「社会事業法」を成立させた．1937（昭和12）年12月「社会事業調査会」が「社会事業法案要綱」を決議し，1938（昭和13）年4月1日には「社会事業法」が公布，同年7月1日から施行された．「社会事業法」は第11条で「政府ハ社会事業ヲ経営スル者ニ対シ予算ノ範囲内ニ於テ補助スルコトヲ得」と規定し，補助金が公布された．この補助金によって幾分の経営緩和をもたらしたが，戦時厚生事業へと突入し，戦時体制が強化されることによって民間社会事業の経営は難しくなっていった．養老院で生活している人々（高齢者）も労働力と

表2-2 第2次大戦中の養老院死亡率の推移

$$\left(死亡率 = \frac{死亡者数}{前年末在籍者数＋新入園者}\right)$$

	大阪養老院			浴風園			同和園			別府養老院
	死亡者数	死亡率	新入園者対死亡率	死亡者数	死亡率	新入園者対死亡率	死亡者数	死亡率	新入園者対死亡率	死亡者数
昭和13	23人	11.5%	50.0%	80人	14.8%	69.6%	53人	42.1%	79.1%	14人
14	48	23.7	77.4	96	17.3	87.3	56	44.8	107.7	18
15	54	24.9	100.0	132	23.8	137.5	39	30.7	67.2	10
16	53	25.9	100.0	170	33.0	157.4	58	37.9	89.2	23
17	69	34.7	123.2	186	39.2	134.8	73	42.9	97.3	19
18	87	41.8	104.8	255	48.0	98.5	74	42.3	94.9	22
19	97	57.1	154.0	221	54.2	139.0	80	44.2	100.0	23
20	71	57.7	110.9	229	56.8	91.6	84	41.4	82.4	22

出典：全国社会福祉協議会老人福祉施設協議会編『老人福祉施設協議会五十年史』全国社会福祉協議会，1984年，p.107.

して戦争に協力しなければならず，養老院での収容救護も打撃を受け，養老院での生活にも苦しいものがあった．病弱者が増加し，表2-2に示すように死亡率も増加した．表には示されていないが，例えば「福岡養老院」の死亡者は1926（昭和元）年度8名であったが，1938（昭和13）年度10名，1941（昭和16）年度20名に増加した．[21]

1933（昭和8）年9月から発行された「全国養老事業協会」の『養老事業』は第34号（昭和19年1月発行）をもって廃刊となり，「中央社会事業協会」の『厚生の友』に吸収された．『養老事業』最後の第34号の奥付には「養老事業の将来」と題して以下の文章が載せられた．

「本誌『養老事業』は斯業の健全なる発達を期するを目的とし斯業団体の連絡機関として昭和九年創刊号を発行して以来毎年三号乃至四号発行し，養老事業の真意義を開明し，聊か指導啓発に資する所あり，益々陣容を新にし発奮せんとする時，都合により中央社会事業協会発行の厚生の友に合刊せんと協議中に属す．謹で寄稿家各位並に愛読者諸氏に禀告す．」[22]

戦時下の中で書かれた文章であるが，廃刊に追いやられた苦しい私的な感情がそこにはあったと推察する．

1937（昭和12）年「母子保護法」「軍事扶助法」，1938（昭和13）年には「国民健康保険法」，1941（昭和16）年「医療保護法」などの一連の軍事対策への法律が制定された．1938（昭和13）年には「国家総動員法」が公布され，1939（昭和14）年に軍事教練を強化，同年9月には第2次世界大戦が始まった．戦時下において国民の生活は益々窮乏化し，1943（昭和18）年には「全国の結核死亡者が17万1474人と，最高を記録．死亡率は14％」[23]となった．また，1943（昭和18）年9月10日には「鳥取地震」，9月20日高知県宿毛市に台風が上陸する等，自然災害による死亡者も増加した．国民生活の窮乏化，食糧事情の悪化は，養老院においても同様であり，高齢者の死亡が多くなっていった．1945（昭和20）年に入ると，1月3日に大阪市で空襲，3月10日には関東大空襲が始まり，大都市の空襲が激化した．8月6日広島に原爆投下，8月9日長崎に原爆投下，「広島養老院」「長崎養老院」はその犠牲となった．各地都市への空襲は養老院を焼き尽くし，戦前期の養老事業は壊滅状態に陥ってしまったのである．

注
1） 厚生省五十年史編集委員会編『厚生省五十年史（記述篇）』財団法人厚生問題研究会，1988年，p.248．
2） 『養老年金制及一般養老施設資料』財団法人中央社会事業協会社会事業研究所，1937年，p.20．
3） 高橋梵仙「明治初年の養老院」同上書，p.2．
4） 小笠原祐次「養老院以前の養老救護」『老人福祉施設協議会五十年史』全国社会福祉協議会，1984年，p.3．
5） 井村圭壯「高齢者福祉の歴史分析」『高齢者福祉分析論』学文社，2001年，p.20．
6） 1921（大正10）年には，北海道，福島，石川，富山，埼玉，長野，滋賀，山口，愛媛に社会事業主管課が置かれた．
7） 小笠原祐次「養老事業の組織化，近代化」前掲書，p.67．
8） 同上書，p.67．
9） 同上書，p.68．

第2章 注

10) なお，財団法人としての「浴風会」の認可は1925（大正14）年1月であった．
11) 小笠原祐次「大正期創設の養老院とその特徴」前掲書，p. 44.
12) 井村圭壯，前掲書，p. 23.
13) 『養老新報』第1号，明治36年1月10日，p. 1.
14) 『神戸養老院報』第16号，KOBE OLD PEOPLE'S HOME，大正13年1月，pp. 2〜4.
15) 「神戸養老院」は1903（明治36）年6月に「神戸養老院の趣旨」「神戸養老院創立の由来」「明治三十七年中会計報告」，その他の項目で小冊子を発刊した．
16) 『養老事業』第6号，全国養老事業協会，昭和10年8月5日，p. 68.
17) 厚生省五十年史編集委員会編集，前掲書，p. 259.
18) 小笠原祐次「公的救済の開始と施設の増設」前掲書，p. 82.
19) 同上書，p. 81.
20) 例えば，1932（昭和7）年7月に開催された「第二回全国養老事業大会」において「救護法」実施に伴う以下のような発言がみられた．
    「大阪養老院長　岩田民次郎氏
    　救護法実施後一般人士の私設救護事業経営に対する同情が減じたと言ふことが出来ます．その結果は経済界の不景気と相俟つて著しい寄附金減少の事実となり私設事業は頗る経営困難を感ずること、なりました．私共では現在総収容者百二十二名の中救護法で救護を受けてゐる者は僅か三名に過ぎないのでありますが，余りにも経営困難に陥つた結果，その三名以外の収容者を一旦退院せしめ更めて救護法に依る被救護者として収容する様な手続にして貰はねばなるまいかと思ふ程であります．
    　広島養老院長　本林勝之助氏
    　私共でも現在五十名の収容者中救護法に依る委託は僅か五名であります．其の上委託されて来た老人は何れも謂はば持てあまし者でありまして手数も費用も人一倍かかる人達ですがそれにも拘はらず寄附金は集まらない，内務省からの奨励金は半減されるでは到底立ち行く筈がありません．政府，府県，市等ではこの点を御諒察の上奨励金を増して下さるか或は尠くとも収容者の三分の一位は委託として下さるか何とか方法を講じて貰ひたいと思ひます．（『第二回全国養老事業大会報告書』全国養老事業協会，昭和七年七月，pp. 24〜25）．
21) 『昭和二十一年度　財団法人　福岡養老院事報』昭和22年7月10日，pp. 4〜5.
22) 『養老事業』第34号，全国養老事業協会，昭和19年1月30日，奥付．
23) 下川耿史編集『増補版　昭和・平成家庭史年表』河出書房新社，2001年，p. 146.

参考文献

池田敬正・土井洋一編『日本社会福祉綜合年表』法律文化社，2000年．

井村圭壯『日本の養老院史』学文社，2005年．

厚生省五十年史編集委員会編集『厚生省五十年史（記述篇）』財団法人厚生問題研究会，1988年．

全国社会福祉協議会老人福祉施設協議会編『老人福祉協議会五十年史』全国社会福祉協議会，1984年．

第3章　障害者福祉史

第1節　救貧対策としての障害者保護

1　明治前期の障害者の生活

(1) 障害者の数と定義

　障害者は，人類の歴史が始まって以来存在し続けて来た．しかし，それぞれの時代で，社会がどのような人達を障害者として扱い，どのぐらいの数の障害者がいたかについて知ることは，その時代の経済活動や医療の水準などとの関連，人々の考え方などの様々な要素が絡み合い困難なことである．

　　「わが国の人口統計で最初に障害者の数をとらえたものは1876年（明治9年）のもので，全国人口3,400余万人中障害者は，11万1,654人（男7万3,740人　女3万7,914人）とされている．総人口の0.3％であった．」[1]

　人口に占める障害者の割合は，現在に比べると10分の1以下である．その理由は，①精神障害者は障害者と分類されていなかったということ，②医療水準の低さから脳神経系などの重度・重複障害者は生きていけなかった，③農業中心の単純な生産活動と，文盲率の高さの中，軽中度の知的障害者は社会の中で普通に生きていけたので，障害者とみなされなかった，④軽中度の肢体不自由者は，農工などの労働に従事できれば障害者とみなされなかったなどが考えられる．

(2) 障害者の生活状況

　この頃の障害者の生活状況を見ていくのに手がかりとなるのは，障害者がどんな職業について，どのぐらい収入を得ていたかを見ることである．都市部においては，視覚障害者は江戸時代から引き続き，あんま・鍼・灸などの三療業（さんりょうぎょう）や箏・三味線などの音曲（おんぎょく）の仕事に携わるものが多かった．ろうあ者や軽中度の肢体不自由者は，手工業などに従事していた．また農村部においては，多くの障害者が農業や，村の使い走りなどの雑用に従事していた．

　生産力水準が低く，また生産工程も単純で人的な労働力に頼らざるを得なかったこの時代では，障害者の労働力も社会から期待され，その結果仕事に従事している障害者の割合は現在より高かった．しかし，仕事についているからといって，生存するのに充分な収入を得ていたとは言い難く，1880年米価が高騰して1斗（と）1円であったとき，1か月の収入が2円以下の視覚障害者が半数近くで，他の障害者の状況もおおむねこれと変わらない貧しい状態であったと考えられている．

2　救貧対策としての障害者対策

(1) 盲官（もうかん）廃止令と学制（がくせい）

　明治維新を機に近代国家としての体制を整えようとしたわが国政府の障害者に対する保護施策については，消極的なものであった．

　視覚障害者は，江戸時代当道座という特権的な組織をつくることを許され，その当道座の中で検校（けんぎょう）を頂点とする独自の身分制度を持ち，あんま・鍼・灸や箏・三味線などの職業技術を伝承するだけでなく，金貸しを行ったり官位の売買などで生活を維持して来た．この身分的な制度が近代国家にはそぐわないために1871年政府は，「盲官廃止令」を発布した．このため多くの視覚障害者が困窮し，職業技術伝承のための組織を失った．そのことをきっかけとして，先進的な視覚障害者の間から「盲学校」（もうがっこう）設立の運動が起こったのである．

　1872（明治5）年に交付された「学制」の中では，ヨーロッパの障害児教

育の考え方を取り入れて「廃人学校」の規定が盛り込まれたが，実際には「廃人学校」は設置されず，1900年の「小学校令」改正に伴い「白痴（知的障害）または不具廃疾」は就学免除，「病弱または発育不完全」は就学猶予という，就学免除・猶予の制度が登場することになった．そして，この制度は形を変えながら1979年の全員就学まで，障害児の教育を受ける権利を阻害し続けたのである．

(2) 貧民対策としての障害者対策

　明治維新以後から戦前まで，政府は障害者に対する特別な対策はほとんど取らず，障害者保護は「労働能力のない貧民」への対策として救護政策の一部として行われた．わが国で初めて救貧対策の法律として1874（明治7）年に制定された「恤救規則」では，救済の対象者を「寡婦・孤児・病人・老人・廃疾者」とし，障害者は廃疾者という形で救済の対象となった．しかし，救済の仕方は，「1年間にお米を1石8斗支給する」という生活費の支給の範囲であった．

(3) 産業振興と労働災害と障害者問題の深刻化

　富国強兵を目指した政府は一貫して国費を投じ産業振興を促して来た．そのため，わが国では，紡績業を中心とした第1次産業革命から鉄工業など重工業を中心とする第2次産業革命までの期間が10年足らずと非常に短く，工場に燃料を供給する鉱山の開発も急速に進められた．非衛生的な環境の中で，1日14時間も立ちっぱなしで糸を紡ぐ女工たち，落盤の危険と隣り合わせの鉱山労働で沢山の労働災害が発生し，多くの障害者が作り出されたが，その対策は企業によってまちまちで，ほとんどの企業が対策を行っていなかった．

　1911年（明治44）に制定され1916年（大正5）に施行されたわが国最初の「労働者保護法（工場法）」において，始めて全国的な規模で労働災害に伴う障害者保護が行われるようになった．この法律の障害者保障は，重度から軽度までの4段階に障害者を分け，賃金の170日分以上から30日分以上までの

扶助料を支給するというきわめて不十分なものであった．

3　社会防衛施策としての障害者対策

(1)　精神病者（精神障害者）対策

　精神病者は，古くから「突然何をするか分からない」・「他の人に危害を加える」と考えられて来たが，明治になってもその考え方は変わらず，治療の対象ではなく治安対策として警察の取り締まりの対象とされた．

　1900年に制定された「精神病者監護法（せいしんびょうしゃかんごほう）」は，この考え方を法制化したもので，精神病者を監督して取り締まることを目的とし，精神病者をその家族が家に閉じこめておく「私宅監置（したくかんち）」を公的に認めたものであった．この法により，精神病者は治療を受けるどころではなく，狭い檻や物置に閉じこめられ，悲惨な生活を送ることになった．

　東京帝大精神病学教室主任であり巣鴨病院の医院長であった呉　秀三（くれしゅうぞう）は，私宅監置調査を行い，精神病者の非人道的実態を明らかにすると共に精神病院の設置の必要性を力説した．呉らの努力により1919年ようやく「精神病院法」が制定されることとなったが，治安対策の考え方は色濃く陰を落とし，精神病院の閉鎖性・隔離性は1960年代まで続くこととなった．

(2)　らい（ハンセン病）対策

　らいは，らい菌によって引き起こされる病気で，第2次世界大戦直後特効薬プロミンが発見されるまでは，効果的な治療法もなかった．病気が進むと手足鼻などの末端組織が腐って落ちたり，皮膚にケロイドが出来たりした．その症状のために，「悪行の報い」「先祖のたたり」などとおそれられ忌み嫌われた．1873年にノルウェーのハンセンによってらい菌が発見され，その伝染性が非常に弱いことなどが確認された．しかし，わが国においては，1907年に最初の「癩予防法」が制定されて以来，社会防衛のため患者の隔離収容が続くこととなった．

　1931年（昭和6年）戦争の気配が濃厚となるなかで，らい予防法は全面改

定され，患者の療養所への強制連行と隔離の強化が盛り込まれたのである．らい予防法のこの隔離的要素は戦後も長く続いた．法律は，1996年に全面的に廃止されたが，らい患者への偏見と差別問題は，未だに尾を引いている．

第2節　障害者（児）対策の芽生えと広がり

1　知的障害者（児）教育と施設の始まり

　1891（明治24）年10月に起こった濃尾大地震では，7,000人以上の死者と1万7,000人以上の負傷者が出た．この地震で孤児となった女の子たちが売春宿に売られるという悲劇を知った石井亮一（当時立教女学院教頭）は，急遽現地に出向いて21名の孤女を保護し，教頭の職を辞めて「聖三一孤女学院」を設立し，孤女の保護と教育に専心した．この21名の中に2名の知的障害児がおり，石井はその子たちの教育に強い関心を持ち，知的障害児教育を学ぶために2度渡米，帰国後「聖三一孤女学院」を「滝乃川学園」と改名し，知的障害児（者）を専門に保護し教育するわが国で初めての施設を開設した．

　また，1898年に京都市で小学校の教員となった脇田良吉は，校区に多くいた家が貧しいために勉学に努められない児童のために「特殊学校」の必要を認識して，「落第生」をつくらない方針を立て，勤務時間を超えても努力をしていたが，1906（明治39）年に「特殊学校」見学のため上京し，そこで石井亮一らに出会い，1909（明治42）年に「心身の発達不十分」あるいは「何らかの理由によって国民教育を受けられない児童」のために「白川学園」を開設した．

　脇田とほぼ同時期に大分でペスタロッチの孤児教育に感銘を受けた岩崎佐一も，石井亮一と出会い，「滝乃川学園」の創設とその実態を学び，1910年に大阪の尋常小学校の正教員になって，大阪で初めての「特殊学級」を開設，1916（大正5）年に知的障害児のための教育施設「桃花塾」を開設した．

　このようにして，石井夫妻と「滝乃川学園」から始まったわが国の知的障

害児教育は，広がりを見せはじめたのである．

2　肢体不自由児施設の始まりと肢体不自由児の父高木憲次

(1)　肢体不自由児問題の顕在化と西洋医学の役割

　肢体不自由児を主に収容したわが国最初の施設は，自らも障害者である渡辺大吉が1903（明治36）年に静岡県富士市に設立した，「富士育児院」であった．

　この施設は，「（収容児童は主として心身障害児で，特に当時一般孤児院，育児院で収容を拒否された，重症肢体不自由児童を収容し，収容力に余力があれば一般孤貧児を収容して居ります．）とあるように，肢体不自由児が優先されていた．」[2]．

　しかし，「富士育児院」は，肢体不自由をもつ孤児の救済施設であって，障害という特殊状況から起こる問題が認識され，それに対する特別の処遇が行われるようになるのは，整形外科のわが国への紹介があってからである．

　明治初期のわが国の医学界には，漢方医学と西洋医学とが混在する状態であったが，1877（明治10）年に東京帝国大学医学部が開設され，ドイツから医学者を招いたり，留学生をドイツ，オーストリア等に送って，西洋医学を積極的に取り入れた．1906年にこの医学部にわが国初の整形外科教室が開設され，ドイツやオーストリアで，整形外科的矯正術を学んで帰国した田代義徳が，初代の教授となった．1908年には，外来，入院合わせて1年間に1,400人を，また1910年代に入ると2,000人の患者を扱い[3]，その多くが小児であった[4]．この実践を通して，医療の視点から見た肢体不自由児の問題が顕在化してきたのである．

(2)　肢体不自由児の父高木憲次

　高木憲次は，1915（大正4）年東京帝国大学整形外科医局に入局し，田代義徳の指導の下で多くの肢体不自由児と接する事になった．また1916年から2年をかけて，下谷万年町・本所・深川・本郷小学校において，田代教授の

第2節 障害者（児）対策の芽生えと広がり

図3-1 クリュッペル医治救護事業の体系（高木憲次, 1934年）

```
A 予 防 ┌ 1. 実地医家ノ整形外科的教養, 認識
        │ 2.「クリュッペル」ノ早期検診, 治療
        │ 3. 申告, 家庭探訪
        └ 4. 相談所（Krüppelberatungsstelle）

B 居宅救護 ┌ 1. 外来診察診療所 ┌ Krüppelversorgungsstelle
          │                  └ Tagesheim
          │ 2.「クリュッペル」学校
          └ 3.「クリュッペル」予備校（Krüppelvorübungsschule）

C 収容救護 ┌ 1.「クリュッペルハイム」（Vollheim）
          │     ┌ 収 容
          │  a. 整形外科的臨床 ┤ 休 養
          │     │              │ 治 療（手術及義肢製作等）
          │     └              └ 看 護
          │  b. 教育 ┌ 智能教育
          │         └ 精神教育
          │         ┌ 適正奨導
          │  c. 労務教育 ┤ 創作的努力養成
          │             │ 手工芸の訓練及職業実習
          │             └ 処世教育
          │  d. 職業紹介及授産
          │ 2. 不具廃疾院（Siechenheim）
          └ 3. 智能薄弱児教導所
```

日本肢体不自由児協会（編）『高木憲次 人と業績』1967年, p.331図を山田明氏が加工作成.
出典：一番ヶ瀬康子・佐藤進編『障害者の福祉と人権』光生館, p.83.

指示で肢体不自由児（者）の実態調査を実施した．この調査を通じ，長期間の治療を必要とする整形外科的疾患を持つ児童には，治療と同時に教育の機会を与える事が必要である（これが療育という言葉の語源である）と痛感した．高木は，その後ドイツに留学し，その経験から，クリュッペル（ドイツ語で肢体障害者）には，整形外科的治療・教育に加えて，残存能力に合わせた職業訓練と，職業相談が必要であると考えた．（図3-1）．1937（昭和12）年盧溝橋事件を発端として日中戦争が勃発すると，政府としては，傷痍軍人対策が急務となり，その有用な方法として，高木憲次の構想が注目を集めるようになった．1942（昭和17）年，ついに板橋区に，定数105床の「整肢療護園」が設立された．建物は，診療棟・厚生棟・義肢装具研究所等からなる総面積，6,600平方メートルの立派なもので，入園者は，子供だけでなく，成人も扱う総合的なものであった．しかし，わずか2年後空襲により焼失して

しまったのである．

3　肢体障害者に対するリハビリテーションの芽生え

　前節で，紡績業や鉱山労働・鉄工業などの安全を無視した労働環境と，劣悪な労働条件の中で，多くの労働災害による障害者が作り出されたことを述べたが，これら障害者の大半は，保護されず放置されて極貧の生活に甘んじていた．

　そんな中，国鉄で働き，労働災害によって障害者（公傷者）となった人達が立ち上がった．まず，片手切断の人達が中心となって「授産所」をつくり，商品を持って各地の鉄道職場を回り，売り上げを分配していた．しかし，売り歩くことは下肢障害の人や，より重度の障害者には無理であることから，障害者（公傷者）が，新しい職業技術を身につけその技術で生計を立てること，つまり職業再教育を受ける必要があると考えられるようになった．益富政助によって設立された「鉄道青年会」は，1919（大正8）年にこの考えに基づき，東京に「負傷者職業学校」を設立した．この学校に入学できるのは，あくまで鉄道公傷者に限られていたが，この職業学校から，わが国の肢体障害者の職業教育が始まったのである．

　1923（大正12）年9月，関東大震災が勃発し多数の死傷者が出て，その後遺症による障害者が大量に発生すると，国内外からの義援金を元にして，障害者の収容・授産施設をつくることが計画され，1925年総合的な収容・授産施設が「同潤会啓発社」によって建設された．その授産・職業再教育部門では，益富らの職業再教育の考え方や，欧米の職業リハビリテーションの考え方が取り入れられたのである．

第3節　富国強兵政策と傷痍軍人対策

　前節で見てきたように，一般障害者に対しては，政府は救貧対策以外にほとんど積極的な施策を行わなかった．しかしながら，国のために戦い負傷し

た多くの傷痍軍人を放置することは出来なかった．その理由は，国のために戦った人達が負傷（障害）のために，生活が困窮しみじめな姿をさらすことになれば，国民の戦意が喪失し，列強に負けない国を作ろうという富国強兵政策に悪い影響を与えるからである．そのため，傷痍軍人に対する施策は，第2次世界大戦終了後まで，常に手厚いものであった．

1 明治期の傷痍軍人対策

明治維新前後のたびかさなる戦争で，多くの負傷兵が出た．その対策として，1871年に陸軍省が出した「陸軍下士官兵卒給俸諸定則」には，公務傷病に対する規定が盛り込まれた．これがわが国最初の「軍事扶助法令」であった．この後，陸軍だけでなく海軍も傷痍軍人にたいする規定を作り，その救済の範囲は傷痍軍人の家族へと拡大していった．1890年「軍人恩給法」が制定された．救済の方法は，最初金銭的給付として行われたが，日清・日露戦争と引き続く戦闘の中で，多くの負傷兵が重い障害を残したまま生活することを余儀なくされ，単に金銭の給付だけの対策では不十分となった．そこで，傷痍軍人を国家によって修正保護する専門的な施設をつくることを目的として，「廃兵院法」が1906年に公布された．

2 傷痍軍人対策の総合的進展

(1) 救貧対策としての傷痍軍人対策の展開

1914（大正3）年，第1次世界大戦が勃発し，わが国も参戦することになると，傷痍兵問題が再燃した．その対策の1つとして，1917年「軍人救護法」が制定され，ここで下士官卒遺家族に国費で扶助が行われるようになった．しかし，その扶助額は低く，傷痍軍人と家族の生活を維持できるものでなかったので，傷痍軍人・家族の改善運動が高まり，1923（大正12）年には，恩給法が成立し，戦闘行為以外の普通公務による負傷についても，1日65銭（それまでは48銭）の金銭が支給されるようになり，運動は沈静化した．

このように，大正期までは傷痍軍人対策は，金銭給付を中心とした救貧対

表3-1　傷痍軍人保護対策審議会答申（1938年）

1．優遇に関する事項
　(1)　名誉の表彰
　　　軍人傷痍記章，傷痍軍人証，傷痍軍人台帳，傷痍軍人の門戸表示
　(2)　各種特典の付与
　　　文化慰安施設の無料利用，公式祝典等への参列
　　　鉄道・船舶利用の優遇
　(3)　生活の保全
　　　恩給制度の改正，身上相談所の設置による指導援助
　　　傷痍軍人子弟の育英助成，内縁の妻等への扶助の徹底
2．教養教化に関する事項
　(1)　傷痍軍人の教養
　　　模範国民としての信念の涵養，職業教育の重視
　(2)　一般国民の教化
　　　国民感謝運動の実施，国定教科書による小国民の傷痍軍人理解の徹底
　　　一般国民の指導
3．保護施設に関する事項
　(1)　医療
　　　物療科を伴う保養所の経営
　　　傷兵院での重症者の介護と在宅重症者への介護手当の支給
　　　結核・胸膜炎患者療養所の経営，精神障害者療養所の経営
　　　医療，治療体制
　(2)　職業教育
　　　職業再教育施設の適正配置と委託教育の実施
　　　委託訓練を中心とした再訓練施設の各府県配置
　　　職業顧問指導職員の設置，職業選択の体制
　　　作業義肢・補助具の支給・修繕
　(3)　職業保護
　　　国・公共団体，民間産業界の傷痍軍人採用と設備の改善
　　　自営業の指導斡旋，許認可営業の優先取扱，生業資金貸付
　　　授産場，共同作業場における独占的製品の確保
　　　職業紹介機関における専門部門の設置
　　　能力検定証の発給
　(4)　帝国傷兵保護院の設置
　　　傷痍軍人の療養事業
　　　傷痍軍人の職業保護事業
　　　その他傷痍軍人保護に必要な事業
4．その他
　　　大日本傷痍軍人会の活動促進
　　　後援団体の活動促進
　　　一部不良傷痍軍人への適切な措置の実行

　　　　　　傷痍軍人保護対策審議会『傷痍軍人保護対策審議会答申』1938年より山田明氏作成．
出典：一番ヶ瀬康子・佐藤進編『障害者の福祉と人権』光生館，p. 94．

策であって，職業教育などを中心とした対策は，まだ重視されていなかった．

(2) 戦時体制下での総合的対策の展開

ここまで見てきたように，大正末期までのわが国の傷痍軍人対策（傷痍兵障害者対策）も，条件は一般障害者のそれに比べ遙かに良いものであったが，金銭給付を中心とした救貧対策の枠を超えるものではなかった．

しかし，昭和10年代に入り，中国出兵など相次ぐ戦火の拡大の中，傷痍兵が激増したこと，障害者に対する職業再教育の有用性などが理解されるようになる中，1937（昭和12）年，軍事救護法を改正して軍事扶助法を成立させるとともに，政府は総合的な傷痍軍人保護対策の検討を始め，翌38年に答申を提出した（表3-1）．それによると，「医療，職業教育，保護，一般国民強化を軸として，その実行推進機関として「傷兵保護院」を設置するとした．この時点では，もっとも総合的な障害者対策の体系を示したものであった」[5]．

政府は，この答申を受けた3か月後には，傷兵保護院を設置し，ただちに傷病軍人療養所，職業補導所の設置に着手した[6]．職業補導所は，東京・大阪・福岡の3か所に，失明軍人寮が東京に建てられ，全国12か所に傷痍軍人教員要請所がつくられ，また，全国52か所に傷病軍人療養所がつくられた．これらの施設に収容された傷痍軍人の処遇は手厚いものであり，また出院が可能になる時期には職業相談も行われるといった総合的なものであった．

上記の傷痍軍人に対する手厚い対策は，戦争遂行という国策の元に成りたった特殊なものであり，敗戦後占領軍の手による「わが国の軍国主義の排除」政策によって，傷痍軍人に対する特権的施策はことごとく排除されて行った．しかし，これらの傷痍軍人に対する総合的な対策の経験は，民間で行われた様々な先進的試みと共に，戦後のわが国の障害者対策の基礎を成すものとなったのである．

注
1) 一番ヶ瀬康子・佐藤進編『障害者の福祉と人権』光生館，1987年，p. 44.
2) 今野文信講述，高橋流里子筆「肢体不自由児の福祉対策」『戦前・戦中期における障害者福祉対策』財団法人社会福祉研究所，1990年，p. 53.
3) 田代義徳「整形外科の現在及将来」『医事新聞第1148号』東京大学医学部整形外科教室開講70周年記念会編『田代義徳先生 人と業績』1975年，p. 982.
4) 3）に同じ. p. 55.
5) 1）に同じ. p. 95.
6) 1）に同じ. p. 95.

参考文献
一番ヶ瀬康子・津曲裕次・河尾豊司編『無名の人石井筆子』ドメス出版，2004年.
一番ヶ瀬康子・佐藤進編『障害者の福祉と人権』光生館，1987年.
伊藤智佳子編，児島美都子・吉川かおり『障害をもつということ』一橋出版，2002年
田波幸夫編『高木憲次——人と業績』日本肢体不自由児協会，1967年.
手塚直樹『障害者福祉論（第二版）』光生館，1981年.
益富政助『私の歩んで来た道』益富政助先生鉄道奉仕55周年記念会，1963年.

第4章　子ども福祉史

第1節　近代化と子ども

1　封建時代の児童救済

　封建時代に日本を訪れた外国人は，日本ほど赤ん坊のために尽くす国はないと評価する一方で，身体薄弱・畸形の兆候のある赤ん坊を殺す間引き，堕胎が頻繁に行われ，しかもそのことに問題意識を有していないと指摘した．日本社会には，子殺しを広範に行う反面，生かすことを選んだ子どもを大切に育てるという2つの側面があった．

　江戸時代，いくつかの藩では，そのような風習に問題を感じ，間引きや捨て子を禁止する種々の方策を試み，その中には新生児の養育に対する給付制度を設けたところもあった．

2　棄児養育米給与方と恤救規則

　1871年の太政官達「棄児養育米給与方」（十五歳まで年米七斗，1873年十三歳に年齢引下げ），1873年の太政官布告「三子出産ノ貧困者ヘ養育料給与方」（一時金五円），1874年の太政官達「恤救規則」（独身にて十三歳以下の者に年米七斗）により，捨て子の貰受人，貧困多子家庭，極貧の子への給付が行われた．

　「恤救規則」に「済貧恤窮ハ人民相互ノ情誼ニ因テ」と書かれてあるように救護は厳格な制限主義であり，官費によって救済される人数はごくわずかであった．「恤救規則」等により救護された子どもの数は，表4-1・4-2

表4-1　養育捨て子数及び養育費

年	養育捨て子数(人)	養育費額(円)	うち国庫費(円)
1875	3,692		
1880	5,390		
1885	5,467	22,542	17,170
1890	5,431	28,761	24,726
1895	4,550	31,693	22,092
1900	2,642	32,108	17,574
1905	2,074	39,684	15,627
1910	1,664	62,762	11,846
1915	1,812	66,868	9,627
1920	1,128	116,321	29,646
1925	679	102,701	13,848
1930	617	92,123	6,028

＊1875・1880・1930年は年度統計である

出典：『日本長期統計総覧　第5巻』

表4-2　恤救規則による救護状況

年	救済総数(人)	幼弱によるもの(人)
1875		
1880	4,758	
1885	11,174	3,006
1890	17,487	4,990
1895	16,715	3,543
1900	15,211	2,379
1905	14,183	2,132
1910	2,877	254
1915	7,247	1,339
1920	7,565	1,502
1925	8,577	1,635
1930	17,403	3,569

＊1880・1930年は年度統計である

出典：『日本長期統計総覧　第5巻』

のとおりである．この救済方法は，「救護法」施行まで続けられた．

3　子どもと医療

　近代においては，感染症などに罹患した場合，経済的事情から医療を受けることができず，また医療機関に掛かったとしても当時の医学水準から治癒に至らず，命を落とす妊産婦や子どもが多かった．死産数は，出産1000に対

して，1900年－88.5，1920年－66.4，1940年－46.0であった．乳児死亡数は，出生1000に対して，1900年－155.0，1920年－165.4，1940年－90.0であり，先進諸国に比べて異常な高率であった．

4　学制から学校令へ

1872年，「学制」が公布され，「邑ニ不学ノ戸ナク家ニ不学ノ人ナカラシメン事ヲ期ス」として，全国津々浦々に尋常小学校を設けることが立案された．富国強兵策をとる明治政府にとって人は資源であり，子どもの教育は最重要事項であった．しかし，費用を国民に捻出させる方針を採ったため，各地で大きな摩擦が生じた．「学制」では，経済的事情により通常の小学校に通うことができない子どものため，「貧人小学（仁恵小学）」，「夜学校」を置くこととした．1890年改正「小学校令」で廃止されるまで，全国各地にこの種の簡易な小学校が相当数存在した．

1900年，尋常小学校4か年が義務教育とされ，同時に就学免除・猶予の規定が設けられた．1900年頃まで就学率は上がらず，特に女子が低かった．小学校への町村の財政負担を軽減する中で就学率は徐々に上昇し，1904年に男女とも90％を超え，1921年には男女とも99％を超えた．

第2節　慈善事業期から感化救済事業期までの子どもの救済

慈善事業期には，子どもの育児・感化の事業は民間で取り組まれた．感化救済事業期に至り，官公主導で感化事業が推進されるようになり，同種事業の中心的存在となった．育児・感化のほか知的障害，貧児教育，保育の事業も開始された．

1　育　児

(1) 育児施設の設立

明治期で，記録により存在が確認される育児施設で最も設立時期の早いの

は，1869年，松方正義による日田県（現在，大分県の一部）の「日田養育館」であり，当時の「日田金（ひたがね）」の豊かな財政に支えられて実現したものであった．しかし，医療水準の低さから乳幼児の死亡率が高く，施設運営は苦難の連続であり，4年間余で閉鎖された．

明治初頭，1872年，「サンモール学院」（フランス・カトッリック）の救済事業の一部として設けられた横浜の「仁慈堂」（後の菫女学校），1874年，岩永マキによる長崎県の「婦人同志育児所」（後の浦上養育院）と，キリスト教徒による育児施設が先行した．

その後，キリスト教と仏教が競い合うように育児事業に着手した．1880年までに設立された育児施設は，キリスト教関係で，「奥浦村滋恵院」（長崎県），「女子教育院」（兵庫県），「日本聖保祿会育児部」（東京府）など，仏教関係で，「福田会育児院」（東京府）などである．1880年代は，キリスト教関係で，「天使園」（熊本県），「岡山孤児院」（岡山県），「大阪聖訳翰学園」（大阪府），「天主教女子養育院」（京都府），非キリスト教関係で，「修道学舎」（広島県），「愛育社」（大阪府），「神戸報国義会」（兵庫県），「愛知育児院」（愛知県）など，1890年代は，キリスト教関係で，群馬県の「上毛孤児院」（群馬県），「博愛社」（大阪府），仏教関係で，「大阪汎愛扶植会」（大阪府），「平安義徳会孤児院」（京都府）など，であった．

1900年代に入ってさらに多くが設立され，育児施設数は，1910年代の130～140が敗戦前のピークをなしている．

(2) 東京市養育院

1872年，ロシア皇太子来日を前に，帝都の美観を損ねるという理由で，乞食・浮浪者240余人を本郷元加賀邸跡の空長屋に収容し，その施設は1873年，「東京府養育院」（渋沢栄一事務長，後に院長），1889年，「東京市養育院」となった．この施設には当初子どもから高齢者までが混合で収容されたが，1900年に感化部，1909年に虚弱児施設が分離された．

1902年末の収容者842人のうち，15歳未満が346人（虚弱20人・不具7人・

盲目 8 人・疾病 4 人を含む），感化部（8〜18歳）42人，1913年末の収容者2,300人のうち15歳未満1,203人（虚弱87人・不具23人・盲目 7 人・疾病56人を含む），感化部（9〜20歳）116人であった[1]．

(3) 石井十次の岡山孤児院

1887年，宮崎県出身で医師を志して岡山県に来たキリスト教徒石井十次は，巡礼の女の連れた男子を保護したことに始まり，「孤児教育会」を設立した．「無制限収容」の原則から，1891年濃尾震災，1906年東北大凶作で罹災した子どもを次々保護し，収容人数は1891年に100人を超え，1906年に1,195人に達した．

1896年に孤児院音楽隊を結成し，日本各地から海外にまで寄付活動の幅を広げ，また1902年に大阪出張所を設け，その後大阪の愛染橋に夜学校と保育所を開いた．1906年から，「岡山孤児院」の子どもを茶臼原（宮崎県）に移し，農業での自立を目標とさせた．

石井の施設処遇は，当初大舎制であったが，後に家族制（婦人が子ども10数名と生活を共にする）を採用した．

石井の事業は壮大で，処遇の水準は高く，他の施設に大きな影響を与えた．

(4) 障害のある子どもへの着目

育児・感化施設の子どもの中に知能の遅れがある者が見出され，特殊教育の必要性が自覚された．知的障害の子どもの施設で最も早く誕生したのは，1891年，石井亮一による「孤女学院」（後の滝乃川学園，東京府）であり，1909年，脇田良吉による「白川学園」（京都府），1916年，岩崎佐一による「桃花塾」（大阪府）が続いた．

2 感 化

(1) 感化施設の設立

感化施設は，不良・犯罪傾向のある子どもを収容する場である．1907年刑

法が施行されるまで，8歳以上で罪を犯せば監獄内の懲治場に入場させられることがあった．懲治場の子どもの多くは出獄後の引き取り手がないため，短期間で再犯し，再入獄した．監獄の典獄や教誨師らは，そういう子どもを教育授産する施設を作る必要性を訴えた．西欧諸国に不良青少年のための施設があり，効果を上げているという紹介もなされた．1880年，小崎弘道，阪部寔，加藤九郎らは，東京府に感化院を設立する計画を立てたが，実現しなかった．

最も早く設立されたのは，1883年の大成教教導職，池上雪枝による大阪の感化院[2)]であるが，財政事情により5年余で閉鎖された．その後，1885年，高瀬真卿による「私立予備感化院」(後の東京感化院)，1886年，服部元良らによる「千葉感化院」(後の成田山感化院)，1888年，千輪性海による「岡山感化院」(後の備作恵済会感化院)などが誕生した．

(3) 感化法と公立感化院

1900年に成立した感化法では，「北海道及府県ニハ感化院ヲ設置スヘシ」(第1条)と定められた．しかし，感化院建設・運営への国庫補助はなく，地方財政の厳しさから感化院設立は進まなかった．この時期に誕生した公立感化院は，1903年の「神奈川県立薫育院」，1904年の「秋田県立陶育院」，1906年の「埼玉県立埼玉学園」，1908年の「大阪府立修徳館」だけである．

(3) 留岡幸助の家庭学校

1899年，留岡幸助は東京府北豊島郡巣鴨村に「家庭学校」を設立した．キリスト教徒の留岡は，監獄教誨師の経験から青少年教育の重要性を認識し，アメリカ留学後に，三好退蔵（元大審院長）と新しい施設作りを目指した．考えの違いから留岡は，三好と袂を分かち，キリスト教徒の支援を得た上で，キリスト教主義を掲げた施設を開設した．「家庭学校」という名に示すとおり，「家族制度（ファミリーシステム）」による処遇を行い，天然の教育（労作），実物教育，体育などを重視した．留岡は感化教育とは何かを明らかに

し，家庭学校においてその実践に努め，全国の感化院に大きな影響を与えた．

1914年，留岡は大自然の中での教育を目指し，北海道の社名淵に「家庭学校」の分校を設立した．

(4) 全国道府県への感化院設置

1908年10月，懲治場（監獄の一部で主に幼年者が収容された）廃止を盛り込んだ刑法が施行された．これに合わせて感化法は改正され，感化院建設・運営費の一部を国庫が負担することになり，全国道府県への感化院設置が一気に推進された．

1908年，3つの公立感化院，11の代用施設，1909年，12の公立感化院，17の代用施設，1910年，3つの公立感化院，1つの代用施設の誕生により，沖縄県を除く全道府県に感化院が設置された．1918年，国立の「武蔵野学院」が開設された．1919年，「武蔵野学院」に「感化救済事業職員養成所」（1920年に社会事業職員養成所に改名）が併設され，1922年まで専門職員の養成を行った．

3　貧児教育

1900年頃から尋常小学校への就学率が急激に上がる中で，都市部スラム地区，被差別部落，貧農などの就学できない子どもの存在が明らかになってきた．そのような子どものために，東京市では東京市直営特殊尋常小学校，大阪市では私立の夜間小学校，北海道・東北・北陸などで貧児学校が設立された．また，山形県・福島県・群馬県・長野県・岐阜県などでは，子守のため不就学となった女児のため，子守学校が設けられた．

4　保　育

保育施設には，都市部の貧児教育の中で幼児を対象とした施設，工場労働者のため工場に附設された施設，農村部の農繁期に幼児を預かる施設，子守学校において「守りされる」幼児を預かる施設などがあった．

保育施設として早く誕生したのは，1890年，赤澤鐘美(あかざわあつとみ)による新潟県の「静修学校」に付設された託児所であり，子守に「守りされる」幼児を家塾の別室で世話したことに始まった．

1894年の「東京紡績工場保育所」を皮切りに，1900年代初頭にかけて女性労働者を雇用する大工場に保育施設が付設されるようになった．1900年，貧児を対象とした「二葉幼稚園」が野口幽香・森島美根によって開設された（同園は1916年保育園に改称された）．1904～1905年には，日露戦争の軍人遺家族のための保育所が各地で開設された。

第3節　社会事業期から厚生事業期までの子どもの保護

1914年の第1次世界大戦参戦から大正デモクラシーをはさみ，1931年満州事変，1937年盧溝橋事件などによる日中戦争へと，戦時色が次第に強くなる時期に当たる．

1920年代に始まる社会事業期は，若年労働者保護，セツルメント活動等によって特徴付けられ，「救護法」ほか社会事業関係の法整備が進められた．戦時体制下の厚生事業期には，人的資源確保のために子ども保護の政策が多面的に進められた．

1　子どもと労働

急激な工業化の中で安い労働力として幼年者が求められたが，働く子どもの保護はなかなか実現しなかった．

1916年の「工場法」施行により，15人以上の職工を使用する工場に限り，原則として12歳未満の子どもを使用することを禁じ（条件付きで10歳以上の就労が認められた），15歳未満について，1日の就業時間が12時間を超えてはならない，午後10時から午前4時まで就業させてはならないことになった．

1926年，改正「工場法」施行により，10人以上の職工を使用する会社に適用が広がり，16歳未満について，1日の就業時間が11時間以内とされた．ま

第3節　社会事業期から厚生事業期までの子どもの保護

表4-3　子ども保護関係の社会事業施設数

年	産婆	産院	託児所	育児	貧児教育	教護教育	その他
1913			20	134	40	56	84
1914			30	134	48	55	88
1915			34	140	51	54	90
1916			46	138	52	54	97
1917			54	133	62	54	100
1918			64	126	66	54	95
1919	1	5	76	122	87	59	93
1920	2	6	83	117	89	61	94
1921							
1922	11		108	114	70	57	121
1923		15	117	114	73	55	
1924				87			
1925		19	267	122	40	57	362
1926		27	312	123	44	61	378
1927		30	375	123	46	61	391
1928	371	42	365	121		62	247
1929	378	40	419	120		61	256
1930	391	39	506	120		61	270
1931	391	39	589	124		61	265
1932	391	45	589	127		59	270
1933	493	47	661	128		60	296
1934	493	48	697	129		61	301
1935	493	52	887	131		58	327
1936	465	40	883	115		58	314
1937	417	40	885	114		59	339

＊その他は児童相談・病児保育・労働児童教育・低能児教育・吃音矯正等の施設
＊1928年以降は年度統計である
出典：『日本長期統計総覧　第5巻』

た，同年施行の工場労働者最低年齢法により，農業・商業を除く工業的企業で14歳未満の子どもを使用することが原則として禁じられた（例外として12歳以上で尋常小学校課程修了者の使用を認めた）．

2　子どもの施設の動向

1913年から1937年までの子どもの保護に関わる施設数の動向は，表4-3のとおりである．

この時期，保護を要する子どもを施設に収容する弊害が叫ばれ始め，育児

施設の数は，ピーク時からわずかながら減少した．

感化施設は，私立施設の代用を廃止し，公立感化院を建設するところが増えた（公立感化院数は1907年－3，1930年－39）．

保育施設は，1920年代半ばからの戦時体制の整備が隣保事業の興隆を促し，それに呼応して大幅に数を増やした．

3　法制度の整備

1932年1月，救護法が施行された．これにより，貧困のため生活できない13歳以下の子どもが救護の対象とされ，孤児院を含む救護機関への公費投入が可能になった．1933年10月施行の「児童虐待防止法」で，虐待された子どもを委託処分した場合，その子どもを受託した施設に必要な費用が支給されるようになり，また，1938年1月施行の「母子保護法」で，貧困の母子家庭への扶助が行われるようになった．

1923年施行の「少年法」[3]により，触法・虞犯の子どもを少年審判所の審判により保護処分とする制度が作られ，従来感化院の対象であった不良の子どもの処遇が，刑事政策と社会事業との二本立てになった．1934年10月施行の「少年教護法」により，感化院は「少年教護院」と改められ，施行後5年以内に全道府県に公立施設を設置することが義務づけられた．また，不良の子どもに対する処遇を専門的，効果的なものとするため，鑑別機関，少年教護委員が置かれた．

4　厚生省社会局児童課の誕生

1938年1月，厚生省が誕生し，社会局内に児童課が設けられた（1941年8月人口局母子課に統合）．児童課の中では，戦時体制下で人的資源を確保する目的ではあったが，保護の対象を「問題の子ども」に限るのでなく，広く「一般の子ども」とする方向が示された．

そこでは，子ども保護の分野が，①母性保護，②普通児童保護（乳幼児，就学児，就労児，少年職業指導・職業紹介），③特殊児童保護（孤貧児，虐待児，

精神薄弱児，身体異常児，少年教護，少年保護)，と整理された．このような方向性が敗戦後の児童福祉政策につながっていった．

注
1) 日本図書センター『戦前期社会事業統計資料集』第2巻，pp. 463〜464，第3巻，p. 195の統計による．障害の表記は原著のままとした．
2) 安形静男『社会内処遇の形成と展開』日本更生保護協会，2005年，p. 99. 池上雪枝の感化院は多くの著作で1884年設立とされている．筆者は，安形の著作中「内務省監獄局阪部寔が池上宛に送った祝電（カンカインノカイインシキヲシュクス）の日付をもって設立日とする」という説を採った．
3) この年に施行されたのは，東京府・神奈川県，大阪府・京都府・兵庫県の2府3県にとどまった．全国施行となったのは1942年1月である．

参考文献
赤松力『近代日本における社会事業の展開過程——岡山県の事例を中心に』御茶の水書房，1990年．
秋山和夫『岡山県の保育所五十年』西日本法規，1999年．
安形静男『社会内処遇の形成と展開』日本更生保護協会，2005年．
井垣章二『児童福祉——現代社会と児童問題（第3版）』ミネルヴァ書房，2003年．
池田敬正・池本美和子『日本福祉史講義』高菅出版，2002年．
伊藤悦子「貧民学校の廃止とその社会的背景——東京市特殊小学校をめぐって」『京都大学教育学部紀要』第30号，1984年．
伊藤清『戦前期社会事業基本文献集⑬児童保護事業』日本図書センター，1995年．
長田三男『子守学校の実証的研究』早稲田大学出版，1995年．
菊池正治ほか編著『日本社会福祉の歴史・付資料』ミネルヴァ書房，2003年．
教師養成研究会編『近代教育史（第28版）』学芸図書，1974年．
矯正協会『少年矯正の近代的展開』矯正協会，1984年．
京都市児童福祉史研究会編『京都市児童福祉百年史』1990年．
神津善三郎「地域の中の貧民学校1・2」『長野大学紀要』第8巻3・4号，1987年．
坂田澄『わが国の児童福祉の歩み——社会福祉の歴史』高文堂，1995年．
佐々木光郎・藤原正範『戦前感化・教護実践史』春風社，2000年．
重松一義「養育院・孤児院・感化院への分岐事情——北海道の監獄照会文献からの一考察」『中央学院大学法学論叢』第14号，2001年．
全国社会福祉協議会九十年通史編纂委員会編『慈善から福祉へ——全国社会福祉協議会九十年通史』社会福祉法人全国社会福祉協議会，2003年．
大霞会『内務省史第3巻』財団法人地方財務協会，1971年．

田嶋一「民衆の子育ての習俗とその思想」『子どもの発達と教育2』岩波書店，1979年．
田中勝文「貧民学校史の研究──学制期の夜学校について」『名古屋大学教育学部紀要』第11巻，1964年．
中部社会事業短期大学編『輝く奉仕者』近代社会事業功労者伝刊行会，1955年．
能川泰治「日露戦争後大阪における『貧民学校』の設立」『部落問題研究』第135巻，1996年．
林雅代「明治期における青少年の逸脱問題の諸相──学校教育・感化院・法による統制」『南山大学』第74号，2002年．
藤原正範「児童自立支援施設──その歴史から考える」『児童自立支援施設の可能性』ミネルヴァ書房，2004年．
守屋茂『岡山県下に於ける慈善救済史の研究』1958年．
守屋茂『近代岡山県社会事業史』1960年．
山崎由可里「感化教育における障害児問題の顕在化と展開に関する研究(1)──感化法制定から国立感化院設置まで」『名古屋大学教育学部紀要』第43巻第1号，1996年．

第5章　ひとり親家庭福祉史

第1節　前　史

1　恤救規則による救済

　日本の近現代史における救済史あるいはその後の社会事業史を見ると，先ず1874（明治7）年12月に太政官達第162号で制定された「恤救規則」がある．その救済対象は「極貧ノ者独身ニテ廃疾ニ罹リ産業ヲ営ム能ハサル者」と規定されているように，「独身」の廃疾者，重病，老衰及び孤児等で，さらに70歳以上13歳以下というように厳しく年齢が制限されていた．従って，「家庭」あるいは「家族」を単位とする救済は対象外であった．この明治時代の国の政策は富国強兵と殖産興業が中心であったので，貧民の救済策は不備であったため，石井十次に代表されるような慈善救済家が活躍した時代であった．

2　救護法による救済

　次に1929（昭和4）年4月法律第39号で公布された「救護法」による救済対象をみると「左ニ揚グル者貧困ノ為生活スルコト能ハザルトキハ本法ニ依リ之ヲ救護ス」として，①65歳以上ノ老衰者，②13歳以下ノ幼者，③妊産婦，④不具廃疾，疾病，傷痍其ノ他精神又ハ身体ノ障碍ニ因リ労務ヲ行フニ故障アル者，と救済対象を「者」として単身者に限定している．
　しかしながら，この「救護法」では重要な条文があって，それは第12条の規定であるが，其の条文を見ると「幼者居宅救護ヲ受クベキ場合ニ於テ市町

表5-1 救護法による救護人員の被救護者（資格）種別構成
(1933, 1935, 1937年)

		総数	老衰者	幼者	妊産婦	不具廃疾	疾病傷痍	精神耗弱身体虚弱	幼者哺育の母
1933.9.30現在	実数（人）比率	105,688 100	29,004 27	51,964 49	130 0	6,045 6	11,987 11	5,802 5	556 1
1933.5.1現在	実数（人）比率	125,735 100	33,847 27	62,155 49	484 0	7,376 6	14,080 11	7,148 6	645 1
うち疾病傷痍の者（再掲）	実数 比率	15,712 100	6,109 39	3,566 23	170 1	2,897 18	— —	2,876 18	94 1
	疾病傷痍比率	(12)	(18)	(6)	(35)	(39)	(—)	(40)	(15)
1937年度平均	実数 比率	124,595 100	35,147 28	59,178 47	44 0	7,523 6	16,163 13	5,977 5	558 0

村長其ノ哺育上必要アリト認ムルトキハ勅令ノ定ムル所ニ依リ幼者ト併セ其ノ母ノ救護ヲ為スコトヲ得」と定めてある．いわゆる「母子」も条件付ではあるが救済対象としたのである．その条件とは次の勅令に定めてあった．1931（昭和6）年8月公布の「救護法施行令」，勅令第211号で，その中の第22条で「救護法第12条ノ規定ニ依リ母ノ救護ヲ為スハ其ノ子1歳以下ナル場合ニ限ル」となっていた．「母子」を救済対象とする場合この勅令にあるように子が1歳以下の場合に限るという厳しい制限はあるが，ようやくにして「母子」が救済の対象となったのである．この規定に基づく救済はいったい全国でどの程度救済されてたかについて，今日の社会福祉史研究者の中で「救護法」の施行状況を長く発掘研究している寺脇隆夫の論文から見てみよう（表5-1）．[1]

この表は貴重なものであるが，「幼者哺育の母」として救済された「母子」は，「妊産婦」より多く550名から650名弱であった．この救護法第12条による「幼者哺育の母」の救済が，日本における母子保護の前史として位置づけられよう．

3　母子扶助法案の動向

「母子扶助法」案は1931（昭和6）年3月，第59帝国議会に片山哲議員によって提出された．[2] その内容は14歳未満の児童を養育する寡婦で貧困のため

第1節　前　史

生活困難な母子を対象とし，その場合の夫の状態は，①廃疾の者，②精神病院に入院せる者，③刑務所に拘禁中の者，④失業者，⑤半失業状態にある者，⑥一家を扶養すること能はざる者を含むもので，近代的内容であったと考えられる．法律の制定理由の概要は次のようなものである．

第1には，貧困なる家庭の母親に対して国家が一定の扶助を与えるのは，国家の当然の任務である．

第2には，不景気の深刻化とともに失業者が増加し，その結果として母子心中や愛児殺し等の悲劇が続出している状況にある．

第3には，子女の唯一の救済機関は孤児院等しかなく，子女に精神的社会的な打撃を与えず，子供は子供らしく母親の手許で自然に成長を遂げるよう国家が一定の母子扶助を与えるのは社会の義務である．

これらの「母子扶助法」の制定理由を見ると，当時の母子家庭のおかれていた経済的社会的状況が，いかに劣悪であったかが如実に理解できる．

次に1935（昭和10）年10月23日に開催された第8回全国社会事業大会において決議された建議を見てみることにする．これは「母子扶助法制定要望ニ関スル件建議」で，内務大臣及び大蔵大臣あてのものであった．その理由については原文を紹介したほうが当時の母子家庭のおかれたる窮状が把握できるであろう．

　　　幼少なる子女を抱へ唯一の生活支持者たりし夫を失いたる母にして其の生計維持と子女養育との二大責務を負うに力なく悲惨なる生活を送る者少なからず，為に近時世相ノ悪化に併い年々母子心中等の不祥事著しく増加する傾向あるは誠に憂慮に堪へざる所なり

　　　政府に於ても現行諸種の法令により救護の方法を講ぜられつつありと雖も未だ不十分にして之等母子の生活を維持することは到底困難なりされば其の結果往々にして子女の養育忽となり不良児発生等の素因を作り易きことは国家将来の為真に深憂禁じ能はざる所なり

　　　依って政府は速に救貧法と立場を異にする母子扶助の法律を制定し母を

して安んじて第二国民の養育に専念せしめられんことを望む. [3)]

第2節　母子保護法の制定

1　母子保護法制定の趣旨

　ここでは「母子保護法」を制定した当時の政府がどのような母子保護に関する認識をもっていたかを知る手がかりとして，政府の作成した資料から原文を紹介しておくことにする.

　「国家将来の発展は，児童の健全なる発育に負う所極めて大であることは謂ふ迄もない．而して児童の健全なる発育は，主として家庭における母の力に俟たざるを得ない．故に貧困の為に母が其の膝下に子を擁することが出来ず，或は又其れが出来たとしても其の養育を完全に行ひ得ない場合に於て，之を保護し母としての天職を盡さしむることは極めて肝要なる事柄である．固より我国に於ては近親並びに隣保相扶の美風が存するけれ共，近時社会経済生活の複雑化は単に之のみに俟つことが出来ず，偶々家計の中心である夫を失ひたる母子等が貧窮に悩み，悲惨なる境遇に陥る事例が決して少なくない．其の結果，或は子女養育が不可能となり，或は子女養育の為に母が犠牲となり，廷ては之れが不良児発生の素因を作り，又は母子心中の如き悲惨なる事件の増加を見る等寔に重大なる社会問題を惹起するに到るのである．

　　茲に於て斯る薄倖な母子を保護すべき制度の必要なることは夙に識者の唱ふる所であって，政府に於ても亦従来研究を重ね来た所である．昭和4年救護法制定に当たっても此の趣旨を採入れたのであるが，仍不充分なるを免れず，即ち必要なる場合，母をも併せ救護する旨の規定があるのみであって，労働能力ある母が子を抱へて貧困の為路頭に迷ふ様な場合には保護の手が伸びていないのである．従って之等の場合に救護法の特別法制と

して，貧困なる母子を一体として保護し，救貧防貧の実を挙ぐると共に国家の将来を担ふ児童の健全な発育を遂げしめ，以て国家将来の発展と国民生活の安定に資せんが為本法が制定せられたのである.」[4]

「母子保護法」は，1937（昭和12）年の「日中事変」の開始と同じ年に制定された．健民健兵政策がこの法の成立した1つの社会的背景であった．

2 母子保護法

この法律の原文を見る機会は極めて少ないので，この際ここに紹介したいと思う．この法律は1937（昭和12）年3月，法律第19号にて公布された．

第1条　十三歳以下ノ子ヲ擁スル母貧困ノ為生活スルコト能ハズ又ハ其ノ子ヲ養育スルコト能ハザルトキハ本法ニ依リ之ヲ扶助ス但シ母ニ配偶者（届出ヲ為サザルモ事実上婚姻関係ト同様ノ事情ニ在ル者ヲ含ム以下之ニ同ジ）アル場合ハ此ノ限ニ在ラズ

　母ニ配偶者アル場合ト雖モ其ノ者ガ左ノ各号ノ一ニ該当スルトキハ前項ノ規定ノ適用ニ付テハ母ハ配偶者ナキモノト看做ス
一　精神又ハ身体ノ障碍ニ因リ労務ヲ行フコト能ハザルトキ
二　行方不明ナルトキ
三　法令ニ因リ拘禁セラレタルトキ
四　母子ヲ遺棄シタルトキ

第2条　本法ノ適用ニ付テハ十三歳以下ノ孫ヲ擁スル祖母ニシテ命令ノ定ムルモノハ十三歳以下ノ子ヲ擁スル母ト看做シ其ノ孫ハ其ノ子ト看做ス

第3条　第1条ノ規定ニ依リ扶助ヲ受クベキ場合ト雖モ母ガ性行其ノ他ノ事由ニ因リ子ヲ養育スルニ適セザルトキハ之ヲ扶助セズ

第4条　第1条ノ規定ニ依リ扶助ヲ受クベキ場合ト雖モ母ノ扶養義務者及其ノ子ノ扶養義務者共ニ扶養ヲ為スコトヲ得ルトキハ之ヲ扶助セズ但シ急迫ノ事情アル場合ニ於テハ此ノ限ニ在ラズ

第5条　扶助ハ母ノ居住地ノ市長村長之ヲ行フ

方面委員令ニ依ル方面委員ハ命令ノ定ムル所ニ依リ扶助事務ニ関シ市町村長ヲ補助ス

第6条　扶助ノ種類ハ生活扶助，養育扶助，生業扶助及医療トス

扶助ハ母ノ生活及子ノ養育ニ必要ナル限度ニ於テ之ヲ行フ

扶助ハ母ノ居宅ニ於テ之ヲ行フ但シ市町村長必要アリト認ムルトキハ居宅以外ノ場所ニ於テモ之ヲ行フコトヲ得

前三項ニ定ムルモノノ外扶助ノ範囲，程度及方法ニ関シ必要ナル事項ハ勅令ヲ以テ之ヲ定ム

第7条　市町村長ハ扶助ヲ受クル母ニ対シ其ノ子ノ養育上必要ナル注意ヲ与フルコトヲ得

第8条　扶助ヲ受クル母又ハ其ノ子死亡シタル場合ニ於テハ勅令ノ定ムル所ニ依リ埋葬ヲ行フ者ニ対シ埋葬費ヲ給スルコトヲ得

前項ノ場合ニ於テ埋葬ヲ行フ者ナキトキハ扶助ヲ為シタル市町村長ニ於テ埋葬ヲ行フベシ

第9条　扶助ヲ受クル母及其ノ子ヲ保護スル為必要ナル施設ノ設置，管理，廃止其ノ他施設ニ関シ必要ナル事項ハ本法ニ定ムルモノノ外命令ヲ以テ之ヲ定ム

市町村又ハ私人前項ノ施設ヲ設ケントスルトキハ地方長官ノ認可ヲ受クベシ

第10条　扶助ヲ受クル母左ニ掲グル事由ノ一ニ該当スルトキハ市町村長ハ扶助ヲ為サザルコトヲ得

一　本法ニ基キテ発スル命令ノ規定ニ依ル処分ニ従ハザルトキ

二　故ナク扶助ニ関スル調査ヲ拒ミタルトキ

三　第7条ノ規定ニ依ル市町村長ノ注意ニ従ハザルトキ

第11条　救護法第18条，第19条及第21条乃至第25条ノ規定ハ扶助及埋葬ニ要スル費用，第5条ノ規定ニ依リ方面委員ガ職務ヲ行フ為必要ナル費用並ニ第9条ノ施設ノ費用ニ之ヲ準用ス

第12条　救護法第26条乃至第27条ノ2ノ規定ハ扶助ニ要スル費用ニ，第28条ノ規定ハ扶助及埋葬ニ要スル費用ニ之ヲ準用ス但シ救護ヲ受クル者トアルハ扶助ヲ受クル母又ハ其ノ子トシ救護ヲ受ケタル者トアルハ扶助ヲ受ケタル母又ハ其ノ子トシ其ノ費用トアルハ其ノ者ノ為ニ要シタル費用トス

第13条　救護法第30条及第31条ノ規定ハ第9条ノ施設ニ之ヲ準用ス

第 2 節　母子保護法の制定

表 5-2　母子保護法による保護状況

(『日本社会事業年鑑』14・15年版)

種　　　類	生活扶助実人員	養育扶助実人員	医療実人員	生業扶助件数
全国の分	21,813	59,487	2,429	61

第14条　詐偽其ノ他不正ノ手段ニ依リ扶助ヲ受ケ又ハ受ケシメタル者ハ三月以下ノ懲役又ハ百円以下ノ罰金ニ処ス

第15条　町村制ヲ施行セザル地ニ於テハ本法中町村ニ関スル規定ハ町村ニ準ズベキモノニ、町村長ニ関スル規定ハ町村長ニ準ズベキモノニ之ヲ適用ス

附　則

本法施行ノ期日ハ勅令ヲ以テ之ヲ定ム[5]

3　母子保護法による保護の対象と保護状況

　この「母子保護法」による保護の対象母子は全国でどの程度であったかについては，厚生省社会局が1935（昭和10）年10月1日現在で調査した結果が『日本社会事業年鑑』昭和12年版で次のように示されている．その結果は，母29,245人，子（13歳以下）66,891人の計96,136人である．また，1937（昭和12）年8月末における母子保護法該当者状況によれば，母41,789人，子91,119人の計131,908人である（『日本社会事業年鑑』昭和12年版）．

　なお，昭和13年8月から昭和14年3月までの母子保護状況は，表5-2のとおりである．

　なお，ここでの「母子保護法」による対象母子及び保護状況については，池川清『母子福祉』を引用したものである[6]．これによると児童の養育費が必要な母子世帯が一番多く，次に生活困窮による生活扶助の順であった．

第3節　戦中における母子保護

1　戦時厚生事業への変質の中で

　1937（昭和12）年日本は中国大陸へ侵略を開始し，いわゆる「日中事変」（日中戦争）が次第に拡大していった．日本は戦時体制となり「国民精神総動員令」が発令された．戦争反対の労働運動や社会運動は弾圧され，軍事国家となっていった．そして，軍事国家に協力した国民は同年に成立した「軍事扶助法」により保護救済された．また，1938（昭和13）年厚生省が設置され，人的資源を確保するための健民健兵政策が中心となった．

2　母子保護法成立の社会的背景

　「母子保護法」成立の社会的背景は，日本の資本主義社会の発展により労働者の失業問題が深刻になり，大都市を中心に多数の貧民が生み出されたことにある．その中でも母子世帯は一層の生活苦により母子心中事件が多発し，社会問題となっていった．この状態に対して，「母子保護法」制定運動が一定の社会的成果をあげ，国としても制定の必要を認めたものであった．政府はこの法律による救済母子の見込み数を95,000人程度とし，予算を組んだが，東京市内だけでも30,000人以上の母子が対象となることが把握されていた．

　なお，「母子保護法」制定当時，大都市を中心に「母子ホーム」が43か所あり，一定の補助金を出して「母子ホーム」を充実することが課題となっていた．

注
1）　寺脇隆夫「救護法の施行状況と地方別データの検討」『長野大学紀要』第25巻第4号，2004年3月，p.41.
2）　池川清『母子福祉』財団法人日本生命済生会，1961年6月，pp.610〜614参照．

3） 同上，pp. 604. 原文カタカナをひらがなにした.
4） 厚生省社会局『母子保護法の解説』1938年2月，pp. 1～2.
5） 同上，pp. 49～51.
6） 前掲，『母子福祉』p. 625.

参考文献
高島進『社会福祉の歴史』ミネルヴァ書房，1999年.
社会局保護課長　持永義夫述『母子保護法に就て』東京府学務部社会課，1937年5月.

第6章　経済保護事業史

第1節　成立の背景と時期区分

1　成立の背景

　近代日本の救貧事業は働く能力がなく身寄りのない人のみを対象としてきた．代表的なものである1874年の「恤救規則」の対象者に関する規定は，「無告ノ窮民」であることを前提とした，廃疾者，70歳以上の重病者もしくは老衰者，病人，13歳以下の者で，労働能力のないことであった．

　しかし，このような制限主義的なあり方では，本格的な資本主義体制への移行期における新たな問題の出現に対して，その解決を図ることが難しくなった．第1次世界大戦後の好景気に支えられた産業の発展は，農林業人口の減少と工場労働者数の増大を生じさせ，日本の就業構造を大きく変化させた．労働者は自ら組織化し，運動を起こすことで自分たちの待遇の改善を図ろうとし，賃金の上昇もみられたが，物価騰貴の激化により実質賃金が低下していく状況のなかで，労働者たちの生活には経済上の問題が生じてきた．それは，低賃金による生活困難という問題であった．このような新たな問題を抱えた労働者に対して，労働能力のない者を対象とする従来の救貧事業では対応できないことから，低所得労働者の生活を支援するための事業として経済保護事業が形作られることになった．労働能力のある生活困窮者への対応の必要性によって，救貧事業はその対象者を労働能力のない者から労働者へと拡大していった．

2 時期区分

経済保護事業の歴史は，登場期，展開期，確立期の3期に分けることができる．

経済保護の登場期とは，村や市による事業，あるいは慈善団体による事業として職業紹介，授産，宿泊保護，住宅供給，公設市場，簡易食堂，公設浴場，公益質屋が登場し始めた時期である．これらの事業はまだ経済保護事業と呼ばれていないが，後に経済保護事業の枠の中に入ってくる事業である．

展開期は，1919年から1925年までである．1919年以降，内務省社会局による『社会事業要覧』（発行は1922年）で「経済的保護事業」という言葉が使用されはじめ，その後の『社会事業要覧』に定着していった[1]．その中では「経済的保護事業」に職業紹介，授産，宿泊保護，住宅供給，公設市場，簡易食堂，公設浴場，公益質屋の8つの項目を当てはめていた．

確立期は，社会事業特別委員会が1926年の「経済的保護施設に関する体系」をだした時期からとする．この決定では，住宅，公益市場，共同宿泊所，簡易食堂および公設浴場，公益質屋の5つに経済保護事業の範囲がしぼられ，この範囲が翌年の第3回社会事業調査会での「経済的保護に関する体系」となる．これらの事業は「『少額所得者』すなわち広汎な労働者階級の生活問題」を対象としており，窮民対策である救貧事業とは異なり，防貧事業と呼ばれている[2]．

このように，経済保護事業の範囲とされている共同宿泊所や公益質屋等の事業は，行政上の経済保護という範疇に区分される前から，市や村によって独自に運営されていた．また，行政上の区分についても，最初から「経済保護」が定義づけられ，「経済保護事業」という名称で住宅，公益市場，共同宿泊所，簡易食堂および公設浴場，公益質屋という5つの事業が括られていたわけではなく，「経済保護」に含まれる事業の内容や「経済保護」という名称そのものも時代によって多様であった．1927年の「経済的保護に関する体系」は，時代の経過の中で多様であった事業を体系化し，明確にしたので

ある．そして確立期に，職業紹介所と授産事業は経済保護事業とは区別された．

第2節　経済保護の内容と変遷

1　登場期（登場～1918年）

　19世紀末から20世紀初頭の救済事業の状況は，隣保相扶と慈善団体による救貧事業，法律としては救貧的規定を含んだ「行旅病人及行旅死亡人取扱法」や「精神病者監護法」等，また「罹災救助基金法」等があり，1874年に制定された「恤救規則」は改正されないままであった．このような中，1911年わが国の取り組みとして必要な事項について，中央慈善協会が『救済事業調査要項』をまとめた．その中には施薬救療事業，児童保護事業等の緊切な事項に次いで業務紹介事業，低利質屋事業，貧民住宅改良事業等が必要な事業としてあげられた[3]．同年の施設数は，内務省地方局『感化救済事業一覧』によると「授産及職業紹介」が30か所，「宿泊救護」が13か所であり，その9割までが1898年以降に設置されている[4]．具体的な事業内容は次の通りである．

　公的な職業紹介事業は，1911年に開設された「東京市立職業紹介所」にはじまる．私立では，1901年の東京市本所の無料宿泊所に併設されていたものや1907年の「大阪婦人ホーム職業紹介所」がある．主に求職者は市内に1戸を構えている保証人が必要であり，紹介については無料であったが，通信実費として5銭を徴収していた[5]．

　授産事業とは，細民や失業者等の求職者に仕事を与える事業であり，作業場授産として一定の場所に収容して作業をさせたり，自宅授産として各人の住居に材料を分配して内職を与えたり，また土木工事等を起こして労務に就かせたりした．作業の種類は地域によって異なるが，裁縫，ミシン，印刷，マッチ等を作る仕事であり，1918年までに全国に23か所あった．最も古いも

のは1884年に設立されており，これは廃藩置県後の士族に対する授産を目的としたものであった．

　宿泊保護は，共同宿泊所ともいい，主として独身の労働者に対して無料または低廉な料金で宿泊設備を利用させる施設である．低収入の労働者や失業者は設備の不十分な木賃宿や安宿に宿泊するのが常であったが，経済上，衛生上，風紀上の弊害があることから，それらを改善するために設置された．1918年までに全国に25か所あり，主に職業紹介，簡易食堂が併設されている．

　住宅供給は，1910年から事業が行われ，1918年までに東京市に4か所あった．これらは，細民地区への長屋の建設が中心であったが，第1次世界大戦後の好景気により都市部へ人口が集中し住宅需要が増大，また建築材料と労働賃金の高騰から建築手控えによる住宅不足が生じたことから1919年より公営の住宅供給がはじめられた．

　公設市場は，食料品や日用品を廉価に供給することを目的とした施設であり，1918年に大阪市内に4か所に設けられた．同年夏に米騒動が起こる等，人々が生活上の不安を抱えていたことから，その後全国に数多く設置され，1918年中に33か所が新設されている[6]．取扱品目の主要なものは，米麦，みそ，しょうゆ，鮮魚，干塩魚，野菜，果物，乾物，牛豚鶏肉，砂糖，酒類等の食料品と瀬戸物，呉服，雑貨等の日用品であった[7]．

　簡易食堂は，少額所得者の生活緩和を目的としたものである．1918年1月に東京市に設置された平民食堂が最初のものであり，同年終わりには10か所に設けられた．この平民食堂は，60人収容可能であり，料金は朝8銭，昼夜各10銭であった[8]．

　公設浴場は，無料または低廉な料金で入浴できる施設である．1911年に辛亥救済会が東京市に貸長屋を建設した際に，これに浴場を付設したことに始まる．1919年に3か所設置された．

　公益質屋は，1912年の宮崎県細田村の村営質庫の設置が最初のものである．この細田村は，交通不便なところであり，村民の多くは漁業に従事していたが，不漁の場合には困窮し，高利の貸金に苦しむことから営利を目的としな

い質庫が設立された．元来，質屋は民間事業として経営されてきたが，営利質屋では利子算定の方法や質物時価の算定，流質処分方法，貸付利率等に関して質置き主に不利であったことから公益質屋の必要がいわれるようになった．

2　展開期（1919年～1925年）

19世紀後半から後に経済保護事業と呼ばれるようになる事業が実施されていたが，これらが社会行政の中に取り込まれる時期が，この展開期にあたる．1918年6月に，救済事業について調査審議する機関として救済事業調査会が設置され，その特別委員会では8つの項目が選定された．その中のひとつに生活状態改良事業が入っており，具体的な対応策として（一）小売市場，（二）住宅改良，（三）小資金融，（四）家庭職業，（五）廉価宿泊及簡易食堂，（六）その他の項目が挙げられている．これらの項目に注目すると，後に経済保護事業として展開されていくものであることが分かる．

社会事業の行政機関の整備がなされる中，公設市場，簡易食堂，職業紹介，宿泊保護，住宅供給，公益質屋等の経済的保護は，従来からある窮民救助，軍事救護，罹災救助，施薬救療といった救貧的な事業や育児，貧児教育，盲啞教育，感化教育，幼児保育等の児童保護事業とは異なる「新ナル積極的社会事業」として重視された[9]．そして，低賃金労働者の生活困難，都市部での住宅不足といった問題を解消するために「国が指導し，奨励し，その下で地方が実施するという方針」のもとで，この時期大幅に数を増やしていったのである[10]．

公設市場については，一番多い時には400を超える数が設置されている．これは，小売市場設置奨励の通牒が地方長官に出され，建物建設のための低利資金が供給されることになったからである．

簡易食堂は，1925年の調査によると1か月の平均入場者数は125万人であり，15銭から20銭で栄養を考えた献立を提供していた[11]．労働者等が朝食を利用するため，午前6時半から開場するものも多かった．

住宅供給については，住宅改良助成の通牒が出され，公共団体への低利資金供給の途が開かれたことに加えて，さらに国有林の払い下げや木材運搬料を無料にするといった便宜がはかられた．1920年の調査から全国約12万2,000戸余りの住宅不足があるということが明らかになり，その後住宅組合法を制定し，住宅組合に対する低利資金の貸付も可能となった．

　職業紹介については，公益職業紹介所相互の連絡統一に関する通牒，公益職業紹介所設備に関する通牒を発して，職業紹介事業の設立の普及と拡張が奨励された．1921年には職業紹介法が制定され，市町村による設置運営，職業紹介事務局の設置等が定められ，その後1925年「営利職業紹介取締規定」が設けられた．

　公益浴場の数が増え始めたのは1919年以降である．まずは，大阪市営住宅に付設された公設浴場が開設された．その後，衛生面での必要から1923年には設置数が266を数え，中には洋式2階建てで娯楽室や理髪室があり，一時に400人が入浴できる大規模なものもあった．

　公益質屋は，1922年には5か所であったが，翌年の6月には41か所となった．東京府社会事業協会経営の質屋では利子の割合が一般の質屋の半分であり，労働者や少額所得者に対する施設として活用された．

　授産事業については，『社会事業要覧（大正11年調）』によると，愛国婦人会，海軍下士官兵家族共勤会等，主として下級軍人の遺家族救済を目的としているものが多く，女子が8割5分を占めており女子の内職的性質を帯びていた．事業所数は一定である．

　このように経済保護事業が推進された状況について，1919年から地方局救護課の事務官であった川西實三は「私の正式の地位と任務は，「軍事救護法」施行のためにおかれた事務官であったが，実質的にもっとも多くの時間をとられ，もっとも焦心工夫努力したのは，なんといっても，食糧・住宅・宿泊・診療・その他生活難に悩む国民に対する社会行政と，労働問題に対する施策とであった」[12]と述べている．

3 確立期（1926年，社会事業特別委員会による「経済的保護施設」決定以降）

　この時期の経済保護事業は，住宅，公益市場，共同宿泊所，簡易食堂および公益浴場，公益質屋の5つである．1926年の内務省社会局による『本邦社会事業概要』では「経済的改善施設」と並んで「労働保護施設」という項目があり，ここに職業紹介事業，失業救済，授産を位置づけている．この時期には，職業紹介や授産は「労働者の保護に関する立法を為し，其他各種施設を行ひ，以て労働者の福利を増進せんとするもの」と理解され，経済保護事業の枠からははずれている．[13] しかしながら，労働保護も経済保護事業，隣保事業，児童保護と並んで積極的社会事業に位置づけられている．

　この時期には公益質屋と住宅供給が特に事業数を伸ばしている．公益質屋は，1927年には「公益質屋法」が実施され，経営主体を市町村または公益法人に限定し，設備費の2分の1の国庫補助を行い，質置き主の保護や貸付金額，貸付利率の制限を規定した．その後，1928年から毎年約50～80ずつ事業者数が増えており，1933年には前年の約3倍の1,061となった．このような増加は，都市部の少額所得労働者の生活困窮に加えて，農漁山村の生活困窮状態についてもはなはだしい状況であったため，時局匡救対策のひとつとして公益質屋の設置を奨励したことによる．

　住宅供給については，一般の住宅難に対する住宅供給を目的とする事業の他に住宅の質的改善を目的とする事業である不良住宅地区の改良事業がはじめられた．不良住宅地区とは，都市における工場労働者，日雇人夫，小商人等が時間や交通費の節約のために労働市場と距離の近い都市部にある家賃の極めて低い貸長屋等に居住することから出現したものである．1925年に不良住宅調査が行われ，全国の不良住宅密集地区が217か所中，六大都市には約15か所あることが明らかになったことから，翌年には経営個所数が2倍以上となった．その後1927年より不良住宅密集地区を改良する不良住宅地区改良法が実施されるが，1929年以降の事業者数は横ばいである．

表6-1　経済保護事業数の推移

	職業紹介	授産事業	宿泊保護	住宅供給	公設市場	簡易食堂	公設浴場	公益質屋
1919年	40	23	32	8	173	16	3	2
1920年	65	19	37	8	276	20	4	5
1922年	111	20	31	12	328	20	4	5
1923年	135	27	46	12	409	73	266	41
1924年	175	27	90	12	409	73	266	41
1925年	181	62	142	213	317	28	198	61
1926年	187	71	100	430	364	68	231	62
1927年	211	89	89	440	368	67	223	81
1928年	227	66	114	440	322	72	179	119
1929年	256	73	140	635	321	77	215	196
1930年	304	72	148	635	319	80	216	261
1931年	421	72	159	642	304	68	208	314
1932年	462	72	152	642	291	70	167	314
1933年	673	72	154	642	277	68	166	1,061

出典：1919年～1922年のすべての項目ならびに1923年の授産事業，宿泊救護，住宅供給，1924年の授産事業，公益質屋，1928～30年の住宅供給は『社会事業要覧』（1919年，1920年1922年），『社会事業統計要覧（大正12年調）』，『社会事業統計要覧』（第9回，第10回）より，1923年の公設市場，簡易食堂，公設浴場，公益質屋ならびに1931～33年の住宅供給は池本美和子氏の作成のデータ（池本1999：193）より，それ以外は『日本帝国統計年鑑』（第49～55回）より作成．

職業紹介事業と授産事業は，経済保護ではなく，失業保護施設として失業応急事業，職業補導および失業共済事業等と並んで位置づけられた．中でも職業紹介事業は，1933年には前年より200以上も事業者数が増え673になり，その後も年々増加し続けている．その後は，1939年発行の中央社会事業協会『日本の社会事業』によると，職業紹介事業の目標を「『労務の適正な配置を図るに在る』こと」とし，軍需労務の充足のための需給関係の調整の必要から国立職業紹介網を完備していった．[14]

第3節　経済保護の意義と限界

1　経済保護事業の意義

経済保護事業は，労働能力のある者を救済の対象とした点で，従来から存

在していた救貧事業の対象者を拡大させた．加えて，対象を生活困窮の問題のみではなく，衛生上の問題，住宅の問題，労働力需給調節といった問題にまで広げたことで，多様な問題への対応を行った．また，生活困窮を個人の資質を原因と捉えるのではなく，生活状態改善を目的とする消費経済の改善を行う事業として，人々の生活状態に着目して改善させようという視点は新しいものであった．

さらに，社会事業の歴史からみた場合，次のことが言える．社会事業は，第1次世界大戦後の好況と恐慌という経済上の変化，米騒動や関東大震災による社会不安，労働運動の激化といったことを背景としたさまざまな問題に対して国家が対応するために成立したものである[15]．社会事業の成立を考えるとき，社会行政の整備，方面委員制度の成立，社会事業経費の増大，社会連帯思想の影響と並んで，経済保護事業の推進がその特徴として捉えられる．経済保護事業は，防貧的な役割を担う事業のひとつとして社会事業の成立の重要な位置を占めており，社会経済的背景から必要とされ，1920年以降奨励され，事業数を増加させていったのである．

2 経済保護事業の限界

経済保護事業は，消費の改善にのみ着目したものであるため，生活困窮の根本的な原因である低賃金の問題を解決するものではなかった．つまり，労働条件の改善を行わずに経済保護事業によって労働者の生活困窮を解決しようとしたのである．この点については「あきらかに，労働者の権利には触れることなく進められる保護としての『社会事業』であった」と考えられる[16]．

また，防貧事業として経済保護事業は推進されるが，救貧施策である「恤救規則」についてはさまざまな問題を抱えていたにもかかわらず1929年まで改正されないままであり，救貧事業と防貧事業の位置づけを明確に社会事業に体系づけた上で経済保護事業が行われていたわけではなかった．経済保護事業の実施が「救貧抜きの防貧」といわれるのはそのためである[17]．このような矛盾からその存在価値が問われるようになり，昭和恐慌以降は住宅供給や

公益質屋を除き，公設市場や公設浴場等の事業数は減少していく[18]．

上記のような防貧事業の限界の一方で，救貧事業については1920年代の慢性的不況下での社会不安の高まりの中で，1929年に公的救護義務を規定した「救護法」が成立し，1932年から実施された．この法の施行により救済人員数は1931年の恤救規則での救済人員数の約10倍にまで拡大するが，欠格条項の規定や被救護者の選挙権の剥奪という問題は残されていた．

注
1） 池本美和子は，『本邦社会事業概要』や地方社会事業費の予算項目から経済保護事業の名称は「おおよそ1921（大正10）年頃には使われ始めた名称とみて良いようである」と述べている．池本美和子『日本における社会事業の形成』法律文化社，1999年，p.174．
2） 池田敬正『日本社会福祉史』法律文化社，1986年，p.558．
3） 社会福祉研究会編『戦前期社会事業史料集成第17巻』日本図書センター，1985年（中央慈善協会「救済事業調査要項」，1911年，p.5）．
4） 施設数については，社会福祉研究会編『戦前期社会事業史料集成第4巻』日本図書センター，1985年（内務省地方局「感化救済事業一覧（明治44年末調）」，1911年，p.1）．設置時期については，前掲書，池田敬正，pp.336-7．
5） 中央慈善協会(1915)『慈善』第7編第1号，p.62．
6） 社会保障研究所編『日本社会保障前史資料第4巻』至誠堂，1982年，p.214．
7） 社会福祉調査研究会編『戦前日本社会事業調査資料集成第8巻』勁草書房，1993年（社会局社会部「経済的保護施設概況」1926年，p.210）．
8） 前掲書，社会保障研究所編，p.215．
9） 社会福祉研究会編『戦前期社会事業史料集成第4巻』日本図書センター，1985年（社会局「社会事業要覧（大正九年末調）」1923年，p.3）．
10） 前掲書，池本美和子，p.203．
11） 前掲書，社会福祉調査研究会編，p.212．
12） 大霞会『内務省史第三巻』地方財務協会，1971年，p.364．
13） 社会福祉調査研究会編『戦前期社会事業史料集成第2巻』日本図書センター，1985年（社会局社会部「本邦社会事業概要」1926年，p.89）．
14） 社会福祉調査研究会編『戦前期社会事業史料集成第3巻』日本図書センター，1985年（中央社会事業協会「日本の社会事業」1925年，p.166）．
15） 社会事業の成立過程をこのような社会状況の中で捉えるのではなく，日本の国家体制の特徴から捉えたものに，池本（前掲書）がある．
16） 池田敬正・池本美和子『日本福祉史講義』高菅出版，2002年，p.162．
17） 吉田久一『新・日本社会事業の歴史』勁草書房，2004年，p.226．

18) 田端光美「武島一義『経済保護事業』解説」p.10（武島一義『戦前期社会事業基本文献集②経済保護事業』日本図書センター，1995年）．

第7章 保健医療史

第1節 近代公衆衛生事業のはじまり

1 感染症対策事業の開始

　明治政府にとって，天然痘・コレラなどの感染症対策は，R. H. ブライトンらのお雇い外国人による都市計画上のインフラ整備への対応としても，近代国家形成に欠かせないものであった．明治維新の内戦後の混乱する大都市において，民生安定と秩序回復を目的とする緊急的な窮民救済事業が展開され，近代における窮民や浮浪者に対する救療事業は，治安統制的体系の中で開始されたのである．

　具体的な事業としては，1868（明治元）年には東京において下谷の大病院（現在：東京大学医学部付属病院）や小石川の幕府管轄の旧養生所を貧病院と改称して応急的に貧困者を診療した事業がある．また，1869（明治2）年には，明治政府の小松帯刀らの尽力により大阪上本町に仮病院（現在：大阪大学医学部付属病院）が設立された．

　岩永マキ（1849-1920）が長崎において天然痘で親を亡くした孤児の養育事業を開始していることからも推測されるように，明治初期に流行で約3万人の死者を出した天然痘への対策は医学上の重要な課題であった．

2 公衆衛生事業の展開

　明治政府は1873（明治6）年，内務省設置と共に文部省医務局を設置して従来の漢方医による治療から西洋医学の本格的な治療の採用をすすめ

1874（明治7）年に「医制」を定めた．「医制」は，西洋医学に基づく医薬分業や医師制度の理念を提示したが，実際には，西洋医は不足していた．

ドイツ語のHygeiaを「衛生」と訳し公衆衛生の観念を広めたことで知られている長与専斉（1838-1902）は，『松香私志』に「醫制を起草せし折，原語を直譯して健康若くは保健なとの文字を用ひんとせしも露骨にして面白からす，別に妥當なる語はあらぬかと思めくらしゝに，風と荘子の庚桑楚篇に衛生といへる言あるを憶ひつき，本書の意味とは較々異なれとも字面高雅にして呼聲もあしからすとて遂にこれを健康保護の事務に適用したりけれは，こたひ改めて本局の名に充てられん事を申出て衛生局の稱はここに始めて定まりぬ．」と衛生の訳語誕生について記している．

実際の天然痘対策としては，1874（明治7）年には「種痘規則」を公布し，さらに1875（明治7）年には，「悪病流行ノ節貧困ノ者処分概則」に基づく感染症流行時の窮民施療を具体的に定めると共に，衛生行政を文部省から内務省へと移管し，1876（明治9）年には「天然痘予防規則」などによる予防体制を整備していったのである．

3　民間事業の発達

佐野常民（1822-1902）と大給恒（1839-1910）によって，1877（明治10）年に「博愛社」（現在：日本赤十字社）が東京に設立され，実際に西南戦争の負傷者を敵味方の区別なく施療した．博愛社の規則第4条には「敵人ノ傷者ト雖モ救ヒ得ヘキ者ハ之ヲ収ムヘシ」とする規定があり博愛の理念が示されている．1877（明治10）年から1879（明治12）年にかけて発生したコレラの流行では，死者が10万人を越え，内務省は緊急のコレラ流行対策を立案するために，民間の医師らと対策協議することを目的とする「中央衛生会」を設置した．東京では本所・大久保・駒込にコレラ避病院を設立し，患者の隔離・収容が実施されている．

こうしたコレラ流行を契機として，公衆衛生事業を全国的に促進するために長与専斉が中心となって，1883（明治16）年「大日本私立衛生会」（現在：

財団法人日本公衆衛生協会）が設立された．機関誌『大日本私立衛生会雑誌』（のちの「公衆衛生」）の発行や地方における衛生事務講習会の実施と共に，コレラやペストの流行時には貧困施療券を発行するなど，公衆衛生事業を民間団体として明治政府と連携を図りながら推進する体制ができあがっていったのである．さらに「大日本私立衛生会」は，1892（明治25）年には，日本最初の伝染病研究所である「大日本私立衛生会付属伝染病研究所」（現在：東京大学付属医科研究所）を発足させるのである．

4　医療保護事業としての発展

1899（明治32）年に施行された「罹災救助基金法」と「行旅病人及行旅死亡人取扱法」において救護的な医療保護制度が公的に整備された．その内容は不充分であったため，公的な法制度を補完する様々な事業が各地で開始された．

東京においては，民間開業医を中心とした「同愛社」の活動や「泉橋病院」の設立や実費診療などの低所得者を対象とする医療保護事業が展開されている．

第2節　医療保護事業の展開

1　精神障害

精神障害者については，1879（明治12）年に「東京府養育院」内において収容保護事業が開始されていたが，ほとんどは医療を受けられない私宅監置状態にあった．こうした精神障害者に対する不法監禁を防止することを目的として1900（明治33）年「精神病者監護法」が制定された．この法律では，内務省と警察の管理下において患者に対する監護義務者を規定して監置させる仕組みになっており，私宅監置は依然として解消されなかった．

呉秀三（1865-1932）は「無拘束の理念」を提唱し，1903（明治36）年には

「東京府巣鴨病院」内に「慈善ノ道心ニヨリ精神病者ニシテ貧困ナルモノノ治療看護ヲ補強スル」ことを目的として「精神病者慈善救治会」（のちの日本精神衛生会）が組織されている．

　各地の私宅監置の実情を調査して『精神病者私宅監置ノ実況及ビ其統計的観察』を1918（大正7）年に発表した呉秀三は，「我邦十何万ノ精神病者ハ実ニ此病ヲ受ケタルノ不幸ノ外ニ，此邦ニ生マレタルノ不幸ヲ重ヌルモノト云フベシ．精神病者ノ救済ト保護ハ実ニ人道問題ニシテ，我邦目下ノ急務ト云ハザルベカラズ」と現状に警鐘をならした．

　1919（大正8）年に，ようやく「精神病院法」が制定され，1925（大正14）年鹿児島保養院・1926（昭和元）年大阪府立中宮病院・1929（昭和4）年神奈川県立芹香院・1931（昭和6）年福岡筑紫保養院・1932（昭和7）年愛知県立城山病院など，各地において公立精神病院設立が促進され，精神障害者への医療提供体制が整えられたのである．

2　肺結核

　1899（明治32）年には，わが国で初めての「第1回肺結核死亡数全国調査」が実施され，おおむね6万人が毎年死亡している実態が明らかにされた．民間の結核療養所としては，1889（明治22）年に須磨療病院が設立されており，北里柴三郎（1852-1931）も土筆ヶ岡養生園を開設し本格的な結核予防を試み始めていたが，公的な療養機関の設立は遅れていた．内務省は1904（明治37）年に「肺結核ニ関スル件」を公布したが，「慢性及急性伝染病ニ関スル質問書」を政府に提出した山根正次（1857-1925）らは，結核予防策としての転地療養の有効性を提唱していた．その後，人口30万人以上の市に対する結核療養所の設置規定を設けた「結核療養所ノ設置及国庫補助ニ関スル法律」が1914（大正3）年に公布され，東京・大阪・京都・神戸・横浜・名古屋などに結核療養所が設置された．

3　ハンセン病

　ハンセン病患者については，1900（明治33）年に内務省が実施した「第1回ハンセン病患者実数調査」では患者実数は3万人余りと発表されていたが，実態としては10万人程度の患者数であったと推測される．その調査は不充分な調査内容であったのに加えて，伝染病対策及び浮浪者対策として実施されたものであり，その後のハンセン病対策における治安維持的性格の萌芽が感じられる．1907（明治40）年「癩予防ニ関スル件」が公布された．内務省は全国を5区に分けて各道府県の組合立によってハンセン病療養所を設立することを定め，第1区は東京都の「全生病院」（のちの多摩全生園）・第2区は青森県の「北部保養所」（のちの松丘保養園）・第3区は大阪府の「外島保養所」（のちの邑久光明園）・第4区は香川県の「大島療養所」（のちの大島青松園）・第5区は熊本県の「九州療養所」（のちの菊池恵楓園）などの公立療養所が1909（明治42）年に設立されている．

第3節　社会事業における発展

1　セツルメント事業

　社会事業期に入ると，労働者教育事業として開始されたセツルメント事業においても，施療事業が活発に行われるようになる．
　関西地域では，1909（明治42）年には賀川豊彦（1888-1960）が神戸のスラム街に「救霊団」を設立し開始した救療事業は，1918（大正7）年にはセツルメント事業の一環として「イエス団友愛救済所診療部」として発展していった．また，1911（明治44）年に巡回病院を開設して施療事業を実施した大阪毎日新聞慈善団の事業は，のちにセツルメント事業として「大毎善隣館」を開設し，小児保健所事業へと発展していったのである．東京では，1919（大正8）年に仏教者の長谷川良信（1890-1966）によって設立された

「マハヤナ学園」においては，愛護として一般家庭訪問と共に妊産婦保護事業が実施されており，地域における施療保護事業が次第に重視されていたことがわかる．その後，「マハヤナ学園」は，保健医療事業を済世会診療所に委託して医療部を開設して週2回の無料診療を行ったのである．

2　スペイン風邪

　1918（大正7）年から1920（大正9）年にかけて爆発的な流行を引き起こしたスペイン風邪とよばれているインフルエンザの世界的な流行はわが国にも甚大な被害をもたらした．わが国における流行は，第1回目が1918（大正7）年8月下旬から11月にかけて起こり，全国民の4割弱が罹患したといわれている．第2回目の流行は1919（大正8）年から1920（大正9）年にかけて起こり200万人の患者がでている．1921（大正10）年内務省衛生局から出された『流行性感冒』と題した報告では，流行対策のために実際に防疫官を派遣して，諸外国における罹患率や予防法などの実態調査を行ったことが報告されており，大正期における公衆衛生研究が積極的に進められていった様子を知ることができる．

3　関東大震災

　1923（大正12）年9月1日，死者及び行方不明者14万余人・罹災者430万人余を出した関東大震災が起こり，地域改良を目的とする教育的な事業実践と施療事業とが深く関わった事業が発展していくことになる．

　1923（大正12）年に設立された「東京帝国大学セツルメント」では，1924（大正13）年からは，東京柳島において，成人教育部，調査部，児童部，医療部，相談部，市民図書部の事業を展開し，医療部は実費診療所を開設した．震災による一時的施療事業から発展して，恒常的施療事業として実費診療所の事業が展開されたといえよう．

　無告の窮民を対象とする慈善事業として一時的な保護の実施から発展し，公衆衛生的観点から実施されていた救護事業の一事業であった施療事業が，

社会事業成立期においては，経済保護の観点からも重視されるようになった．関東大震災を経た後，恒常的な経済保護事業としての必要性から，低所得の労働者などを対象とする無料診療事業や実費診療事業の医療保護事業が成立していった．

4　内務省

　1922（大正11）年に発表された内務省社会局『本邦社会事業概要』では，「医療的保護」として，一般救療・社会衛生・医療的保護の将来としてまとめられ，一時的救療事業と公衆衛生事業が分けて集計されており，加えて，貧困者への医療的保護の取扱いを今後の課題として検討している．

　1926（大正15）年に内務省社会局から発表された『本邦社会事業概要』では，実際の事業を担っている施設を中軸にして事業の全体像を把握するために「保健施設」として分類し，事業内容を医療事業と特殊療養及び予防事業に分けて集計した上で，さらに，保健施設の果たすべき役割の今後に関する考察が加えられている．こうした事業実践施設を中心とした集計方法は，1928（昭和3）年の内務省社会局による『本邦社会事業概要』まで継続されており，「医療保護施設概況」としてまとめられている．その事業内容に関する集計は，無料診療事業・軽費診療事業・特殊療養事業と分類されるようになり，初めて支払い費用に関連した項目分類に基づく集計が実施されている．

　その後の，1930（昭和5）年に内務省社会局が発表した『昭和四年社会事業概観』と1933（昭和8）年に内務省社会局から発表された『本邦社会事業概要』では，「医療保護事業」との名称が確立され，事業内容は，無料診療事業・軽費診療事業・特殊診療事業との分類による集計が実施されている．内務省衛生局の統計においても，1922（大正11）年に発表された統計名は『救療事業概要』であったが，1928（昭和3）年発表の統計名は『医療保護事業施設の概況』となっている．医療保護事業は，社会事業の一分野として，一時的な救護診療事業から発展し，防貧的意義をもつ事業として昭和初期に

は確立されていたといえるだろう．

第4節　厚生省の誕生

1　保健所の創設

　1937（昭和12）年「保健所法」が公布され，保健所が，農村地域の衛生状況改善の為，保健指導・相談事業を実施する機関として創設された．

　内務省衛生局から出された「保健所ニ関スル法規及例規」には，一般国民の健康を増進し体位の向上を図るためには，まず国民の保健思想を啓発し日常生活では，常に衛生的に改善し，疾病の予防に就いても十分な指導が必要であるため，都市農村を通じて適切なる保健衛生の指導機関として保健所を設置したとの設立の目的が記されている．保健所の業務としては，衛生思想の普及，栄養改善及び食品衛生に関する指導，衣服・住宅その他の環境衛生の改善に関する事項，妊産婦・乳幼児の衛生に関する事項，結核予防に関する健康相談．トラホーム・寄生虫病・性病予防に関する健康相談，伝染病予防に関する相談，理化学的・細菌学的検査に関する相談，その他健康増進に関する相談とされていた．当初は，保健所は，人口10万人ないし12万人に1か所ずつ設置する予定であったが，実際には1942（昭和17）年までに設置されたのは，全国で187か所のみであった．

2　厚生省の組織

　内務省の社会局や衛生局を中心に，労働・福祉・社会保険行政などのいわゆる「社会行政」や衛生行政を一元化した行政機関を設けようとする考えは古くからあったものの，「保健社会省（仮称）設置要綱」が1937（昭和12）年7月9日閣議決定され，国民の健康を増進し体位の向上を図ることを目的とする保健社会省の設置が具体的に検討されるに至った（『厚生省史』「厚生省の創設と戦時下の厚生行政」）．

保健社会省の組織は，大臣官房・衛生局・体力局・保育局・生活合理局・医事局・社会局・保険局，外局として簡易保険局が設定されていた．ちなみに，衛生局は公衆衛生並びにその施設に関する事項を管掌し，保健課・予防課・防疫課で組織されており，また，生活合理局は，業務及び環境の衛生，生活の合理化及び移住，移植民の新環境服合に関する事項を管掌するものとされていた．さらに社会局は，社会施設の刷新拡充に関する事項，救護・救療の普及に関する事項，母性・乳幼児の養護及児童の保護に関する事項を管掌する組織として考案されていた．

　しかし，社会という用語は不適切であると理由から保健社会省の組織化は実現されず，「衣食を十分にし，空腹や寒さに困らないようにし，民の生活を豊かにする」意味として「厚生」の用語が採用され，1938（昭和13）年1月11日「厚生省官制」勅令第7号・「保険院官制」勅令第9号によって，厚生省が誕生した．

　厚生省には，体力局・衛生局・予防局・社会局・労働局・外局（保険院）が設置され，初代厚生大臣には木戸幸一が就任し，文部大臣と兼任した．

　厚生省においては，健兵健民政策と衛生行政が重視され，人口問題として，乳児死亡率を低下させること，結核死亡率を低下させること，国民の栄養状態の改善を実施することが方針として打ち出された．

3　厚生事業の推進

　1940（昭和15）年には，日本社会事業研究会が『日本社会事業の再編成要綱』『日本社会事業新体制要綱──国民厚生事業大綱』をとりまとめた．この中では，「国民厚生事業」を提唱しており，こうした時勢の中で，1941（昭和16）年には，治療及び予防による防貧を主たる目的とする医療保護事業として整理統合した「医療保護法」が成立した．

　「医療保護法」では，「第1条　政府ハ本法ニ依リ医療保護事業ヲ管理ス　第2条　本法ニ於テ医療保護事業ト称スルハ貧困ノ為生活困難ニシテ医療又ハ助産ヲ受クルコト能ハザル者ニ対シ医療券ヲ発行シテ医療又ハ助産ヲ受ケ

シムル事業ヲ謂ヒ事業者ト称スルハ医療保護事業ヲ行フ者ヲ謂フ」としており，国家の責任体制の下で，貧困のために生活困難な国民へと対象を拡大し，「国民体力法」「国民優生法」「国民医療法」などと共に，第2次世界大戦終了時まで，積極的な健兵健民政策行政が促進されていくこととなったのである．

参考文献
内務省衛生局『流行性感冒』1921年．
厚生省20年史編集委員会編集『厚生省二十年史』厚生問題研究会，1960年．
厚生省医務局編『医制百年史』（記述編・資料編）ぎょうせい，1976年．
厚生省医務局療養所課内国立療養所史研究会編『国立療養所史』（らい編・結核編・精神編・総括編）厚生省医務局，1976年．
池田敬正『日本社会福祉史』法律文化社，1986年．
池田敬正・土井洋一編『日本社会福祉綜合年表』法律文化社，2000年．
小林丈広『近代日本と公衆衛生』雄山閣出版，2001年．

第8章　地域福祉史

第1節　地域福祉の萌芽

1　近代社会と地域の困窮

　「地域福祉」という概念が明確になり，自覚的に用いられるのは戦後である．特に，社会福祉の主要な柱であることが共通認識となるのは，1980年代以降であろう．しかし，人々の生活の場が基本的に地域にある以上，戦前においても生活課題は地域において発生し，それへの対応が地域において行われた．そうした実践が，戦後になって「地域福祉」として整理され，発展していくのである．ここでは，地域において発生した社会問題を認識して対応した，地域福祉の先駆となる実践，制度，団体等をたどっていく．

　近代社会への歩みは，江戸時代以前の地域社会の構造に変化をもたらすものであった．地租改正は農民に過重な負担をかけるものであり，農村においては地主・小作関係が強化され，また農村を離れて都市に移る者もあらわれた．地域社会は封建時代のときのような固定的なものではなく，流動性が高まって，生活課題が発生しやすくなった．

　地域の支配体制が再編成され，1889年に市制・町村制が施行される．町村部には郡役所が置かれた．県知事や郡長は内務官僚であり，地方行政は住民自治の場ではなく，内務省を中心とした中央行政の末端機構としての性格が強い．やがて，在郷軍人会，青年団，婦人会，処女会といった地域組織が形成されていく．

　都市部では離農した農民が流入し，貧困化して下層社会を形成した．東京

の四谷鮫ヶ橋，芝新網，下谷万年町，大阪の名護町などが著名である．こうした下層社会の記録として，横山源之助『日本之下層社会』や松原岩五郎『最暗黒之東京』などが刊行された．

感染症の流行，災害，凶作など各地で生活を脅かす状況が絶えなかった．凶作や災害への備えとして，1880年に「備荒儲蓄法」が制定される．前近代の村落共同体での相互扶助を拡大して制度化したものである．さらに1899年には「罹災救助基金法」が制定され，府県ごとに法定額を定めて基金を蓄積した．

北海道には，開拓農民として移住する者が多くいたが，酷寒の地での新たな生活は過酷であった．一方で，先住民であるアイヌ人は土地を収奪され，代わって1899年に「北海道旧土人保護法」が，温情として与えられた．沖縄は1879年の琉球処分によって，日本に編入された．県民の生活は困窮し，海外への移民がすすんでいく．

こうして，国としての制度がいくつか登場するものの，きわめて低い水準であり，困窮した国民の救済は，地方に押し付けられていた．

2　民間の地域実践

国の施策が乏しいなか，民間の側で，生活を支える活動が行われていく．長崎におけるド・ロ神父の活動は，地域における実践の最も早いものといえよう．ド・ロ神父は1868年に来日し，長崎で活動して，感染症患者の救助などを行っていた．1879年に東シナ海に面した外海と呼ばれる地域に赴任したが，そこは産業の乏しい貧困な地域であった．その生活改善を目指して，授産所や託児所の設置，農・漁業振興，土木事業など多様な活動を行った．

地域住民と生活を共にして地域の改善を図るセツルメントが，日本でも始まる．1891年のアメリカ人宣教師アリス・アダムスによる「岡山博愛会」，1897年の片山潜による「キングスレー館」が初期のものである．「岡山博愛会」は夜学校，保育所，施療所などの事業を行った．「キングスレー館」は講演や職工教育会など労働者への教育活動を重視したが，片山が社会主義運

動に転じていくため長続きしなかった．

　賀川豊彦は1909年から神戸新川のスラムに入って伝道活動を試みたが，それは地域の貧困との戦いでもあった．賀川はスラムでの体験を，『死線を越えて』などの著作にまとめていく．賀川は，労働運動や農民運動へと活動を広げる．さらに消費組合を創設し，生活協同組合運動を築いていく．

　イギリスで発足し，1895年に日本でも組織された「救世軍」は，山室軍平を中心にしてさまざまな実践を展開するが，地域を軸にした活動が特に活発であった．貧困な地域で暮らす人々に慰問篭を配布する活動や，セツルメントを行った．「救世軍」には小隊と呼ぶ，一般のキリスト教の教会にあたる組織があるが，全国の各小隊では地域的な活動を展開していく．

3　慈善事業の組織化と地方改良運動

　こうして，民間による地域への支援が広がるなど，民間慈善事業が活発になるなか，その組織化が図られ，1908年に「中央慈善協会」として具体化する．戦後の「全国社会福祉協議会」につながっていく組織である．しかし，内務省の官僚が役員として中心的な役割を果たすなど，事実上官民一体の組織であった．機関誌『慈善』は『社会と救済』『社会事業』（戦時下は『厚生問題』）と誌名を変え，現在の『月刊福祉』へと続いていく．

　1908年から内務省主催感化救済事業講習会が開催される．はじめ東京で行われていたが，1915年から地方で開催されるようになる．社会事業専門教育の先駆ではあるが，内務省の意向を慈善事業家に伝達する側面が強い．

　日露戦争後には，国力増強のための地方体制づくりとして，井上友一や留岡幸助を理論的なリーダーとする地方改良運動が展開される．自治思想の普及が試みられ，模範町村の表彰や農村のリーダー養成などが行われた．報徳運動が推進され，雑誌『斯民』が発行された．農村において国家の良民を育成するものであり，国家による地方への指導・監督が強化される．

第2節　地域実践の本格的展開

1　社会事業の成立

　日露戦争と第1次世界大戦によって日本は国際的には影響力を高めるが，地域の生活困難はむしろ深まっていった．それを具体的に示したのは，1918年の米騒動が，富山県魚津という地方から発生したことである．農村では小作争議が頻発して，農民運動が広がっていく．生活課題を個々の慈善事業で対応することは不可能であり，1920年前後に，社会事業が成立したとされる．「中央慈善協会」は「中央社会事業協会」と改称するなど，「社会事業」が一般的に使用されるようになる．

　1923年には関東大震災が発生し，東京，神奈川，千葉など関東全体の広い範囲で被害が出て，死者・行方不明者14万人以上，罹災者430万人という大惨事となった．住民による朝鮮人の虐殺や，官憲による社会主義者らの殺害など，震災の混乱に乗じた不穏な動きがみられ，社会事業団体の被害も甚大であった．一方で，震災への救援も活発になされ，そこから発展した活動も多い．

　しかし，公的救済をめぐる動きは乏しく，公益質屋，公設市場といった経済保護事業のような，個別の方策，あるいは職業紹介事業などの失業対策が中心であった．問題の緩和は，地域に求められた．

2　方面委員制度と社会事業協会

　地域での対応策の1つが，現在の民生委員制度の前身である方面委員制度である．住民の生活は第1次大戦を経てますます厳しさを増すが，救貧制度としては，「恤救規則」に加え，ようやく1917年に「軍事救護法」が制定された程度であった．そこで，住民への個別の対応によって，生活不安に対処しようとする動きがあらわれてくる．まず1917年に岡山県の笠井信一知事の

もとで，済世顧問制度が創設された．防貧を重視し，顧問は主に名望家であった．しかし，住民の生活課題に対処するには不十分であった．

1918年には，大阪府で方面委員制度が創設された．大阪府は工業化や都市化を背景として，低所得層が広がっていた．個別の社会事業はみられたが，住民を広く対象とした施策は不十分であった．そこで，林市蔵知事のもと，小河滋次郎により立案されたのである．ドイツの「エルバーフェルト制度」を模したといわれている．小学校区を基準に地域を方面に分け，方面事務所を拠点として，貧困者を第1種カードと第2種カードに分けて把握し，相談や調査を行うこととしていた．

方面委員制度は全国の道府県に広がっていく．道府県によって，名称は奉仕委員，福利委員等あり，設置主体も市町村，県社会事業協会，その他とばらばらであり，また必ずしもその県全域で実施されないなど，課題が多かった．方面委員制度はボランティアの先駆として，民間人による主体的な実践が行われた．反面，温情的対応がなされ，行政の肩代わりや治安対策としての側面も否定できない．

一方，各道府県で社会事業協会が設立されていく．熊本，群馬，秋田，北海道などでは「慈善協会」等の名称で，明治末ないし大正初期に設置されていた．1917年頃から設立が相次ぎ，全道府県，さらには朝鮮，台湾，「満洲」にまで設置される．戦後の都道府県社会福祉協議会の前身としての性格をもっている．しかし，会長は内務省の官僚である県知事で，県の幹部が主要な役員となり，事務所も県庁内におかれるのが一般的であった．協会は官製団体にすぎなかったといえる．しかし，多くの協会では，『○○県社会事業』『○○県社会時報』といった道府県独自の社会事業雑誌を発行している．こうした雑誌は，社会事業の理論を伝えたり，情報交換をしたりする効果をもち，地域の社会事業の水準向上に貢献した．

1921年に長崎県で，「長崎県社会事業協会」を中心にして共同募金が行われた．ポスターを作成したり，新聞の協力を得たりするなど，本格的に展開されたが，翌22年の2回だけで終わった．1933年には東京でも行われたが，

募金が十分に集らず，1度限りで終わってしまった．結局，共同募金が本格的に実施されるのは，全国で取り組まれる1947年からである．

3　セツルメントの発展と限界

　社会事業の展開のなかで，優れたセツルメントが創設される．キリスト教系としては，「石井記念愛染園」があり，石井十次による「岡山孤児院大阪分院」が発展したものである．ほかに「興望館」セツルメントなどが知られる．仏教系として，「マハヤナ学園」が長谷川良信によって設立された．ほかに，「光徳寺善隣館」などが著名である．公立セツルメントとして，「大阪市立北市民館」があり，志賀志那人がその中心であった．大学セツルメントとして，「東京帝国大学セツルメント」が，関東大震災を契機に設立された．大都市だけでなく，山口県で姫井伊介によって「労道社」が設立されたように，各地に広がった．

　大林宗嗣『セッツルメントの研究』は，セツルメント研究の到達点である．しかし，セツルメントは「隣保事業」と訳され，日本的な隣保相扶に立脚した事業として広がる．「隣保事業」は社会事業の分類としては「社会教化事業」に区分され，本来の趣旨である社会改良的要素は発展せず，むしろ地域支配に利用されるものになっていく．

　被差別部落は，近代社会のかかえた深刻な課題であった．一部では部落改善事業が取り組まれてきたが，差別の実態そのものを解消するのではなく，部分的な対策にすぎなかった．部落民自身による解放組織として，1922年に「全国水平社」が結成されるとともに，各地で水平社が結成される．水平運動への対抗的意味もあって，体制的な融和運動が推進され，中央社会事業協会に地方改善部がおかれた．さらに全国的な融和団体として，1925年に中央融和事業協会が設置される．しかし，被差別部落の生活困難の解消には程遠く，本格的な差別の解消は，戦後の部落解放運動や同和対策事業にもちこされる．

　韓国併合後の朝鮮人の増加のなか，「内鮮融和事業」といわれる，朝鮮人

を主な対象とした事業が行われる．関西に多くみられるほか，関釜連絡船の発着地である山口県下関市では1928年に昭和館が設置され，託児所や夜学がなされた．1930年代に戦時体制がすすむと，全国各地に協和会という組織がつくられ，朝鮮人への対応は治安的側面を強める．

第3節　地域実践の変質

1　農村の困窮

　1929年の世界恐慌をきっかけとして，1930年代に東北をはじめとして農村が貧困化し，娘の身売りや欠食児童が広がった．農村の生活対策として，時局匡救土木事業や農山漁村経済更生運動が展開されるが，土木事業は救済には不十分であり，経済更生運動は農民への自助の強要に過ぎず，根本的な解決ではなかった．農村の生産力を高めるため，共同作業場や農村共同施設が設置された．

　農村の困窮の解決策として，1932年に「建国」された「満洲」への移住が行われた．農民たちは，事実上の植民地である「満洲」への，日本による支配の道具に使われただけであり，実際に移住した人は，戦争末期のソ連参戦から戦後にかけて，筆舌に尽くしがたい苦難を体験し，ついに日本の土を踏めなかった人も少なくない．

　農村対策として，農村社会事業が提起される．賀川豊彦の『農村社会事業』はその体系書である．農繁期託児所は，少ない費用で実施できるため奨励された．疾病が特に深刻であり，医療救護が行われて，医療施設の設置がすすむ．なかでも産業組合（農業協同組合の前身）による医療利用組合が広がった．それでも，多くの農村が無医村のままであった．産業組合などが保健婦をおくが，地域を文字通り歩いていく活動は，地域福祉の先駆としての性格がある．

　1938年には農山漁村の人々を主な対象として，「国民健康保険法」が制定

される．国民健康保険組合が設置されて医療費を給付したが，任意であるため医療保障としては不十分であった．また，農村では，「救護法」の利用者のない町村がみられるなど，既存の制度すら活用されない実態があった．

2　社会事業の組織化

1929年に「救護法」が制定されるが，すぐに実施されないなか，実施促進運動が展開される．その中心となったのは，全国の方面委員であった．救護法では「救護ニ関スル委員」をおくことになっており，その委員に方面委員が就くことで，方面委員が法的根拠をもつことになる．1932年には「全日本方面委員連盟」が組織され，方面委員の法制化を求めた．方面委員が法制化されて，全国共通の制度になるのは1936年の方面委員令による．その内容は，設置主体を道府県とすること，委員の選任は地方長官（知事）が「方面委員選衡委員会」の意見を徴して行うこと，委員の職務は生活状態の調査や要扶披者の自立向上の指導をすること，などである．

そのほか，1928年の「西日本私設社会事業連盟」，29年の「東京私設社会事業連盟」など，各地で社会事業の組織化の動きがみられた．1931年には「全日本私設社会事業連盟」，32年には「全国養老事業協会」や「全国育児事業協会」が結成されるなど，全国レベルでも組織化がすすんだ．

3　戦時下の地域

1937年から日中戦争が本格化し，戦時体制下において国家総動員体制が敷かれる．各種の団体は大政翼賛会を頂点として再編成され，その体制は地域組織の末端にまで及んだ．社会事業は「厚生事業」と呼ばれるようになるが，その際，隣保相扶による，地域を重視した再編成がすすむことになる．地域とは，銃後を支える体制そのものであった．「傷痍軍人会」等の軍事関係の組織とともに，部落会・町内会といった地域組織も強化されて，銃後の役割を担っていく．地域自体が戦争遂行の場となるなか，社会事業がそこに組み込まれるのは，避けられないことであった．方面委員について1940年に「方

面委員制度ト部落会町内会等ノ関係ニ関スル件依命通牒」が厚生省社会局長・内務省地方局長より出され，方面委員が部落会・町内会と連携して，戦時体制の問題に対応することが求められた．

軍事援護が社会事業の柱となる．中央の軍事保護院を拠点としつつ，軍人援護会や銃後奉公会によって活動を具体化するのは地域である．召集された兵士の家族や傷痍軍人の生活を支えるのは，方面委員や近隣の住民であった．

隣保事業の設置が農村ですすむが，本来の社会改良的なセツルメントとは異なる，戦時体制を支える活動であった．

戦争末期には，大阪大空襲，東京大空襲はじめ，空襲による壊滅的被害が広がり，それは地方の小都市にまで及んだ．沖縄では地上戦が行われて，住民多数が死亡した．広島・長崎では原爆が投下された．戦後社会は，こうして，変質ないし破壊された地域自体を再建するところから，はじめなければならなくなる．沖縄，奄美，小笠原はアメリカ軍の統治下に入り，独自の苦難を強いられることになった．

戦前の地域福祉の特徴は，第1に，セツルメントが「隣保事業」と訳されたように，近代的人間関係ではなく，隣保相扶に立脚した展開をした．第2に，農村部の町村は「軍事救護法」や「救護法」などの公的救済には消極的であり，地縁血縁による扶助が期待された．第3に，農繁期託児所，方面委員など個別の活動はあるが，地域福祉へと展開させるだけの実践の基盤が弱く，ことに昭和恐慌下で対応できなかった．第4に，セツルメントなど注目すべき実践も少なくないが，戦時体制のなかで消滅や変質が避けられなかった．第5に，朝鮮人対策，小作争議対策として，治安維持や社会運動の抑制の役割が求められた．

こうした限界をかかえてはいたが，地域の実践が戦後の社会福祉を準備した面も見逃してはならない．方面委員による地道な活動や，各地の隣保事業などは，1つ1つは無名であるが，それらの積み重ねが，今日の地域福祉につながっているのであり，福祉に関心をもつ者は，まず自分の暮らす地域でどのような実践があったのかを知ることが必要である．

参考文献
右田紀久恵編著『自治型地域福祉の展開』法律文化社，1993年.
田端光美『日本の農村福祉』勁草書房，1982年.
日本地域福祉学会地域福祉史研究会編『地域福祉史序説』中央法規，1993年.
『慈善から福祉へ 全国社会福祉協議会九十年通史』全国社会福祉協議会，2003年.
『民生委員制度七十年史』全国民生委員児童委員協議会，1988年.

第9章　社会福祉法制史

ここでは，明治期から昭和戦前期までの社会福祉に関係すると思われる法律，規則などを，できるだけ時系列的に配置した．

第1節　明治時代

1　恤救規則制定前後の時期

(1) 恤救規則制定以前

　幕藩体制が崩壊し明治新政府が成立し，国民に対する救済や支援など社会福祉に関係する法制度が「恤救規則」成立までに制定されていたかを先ずみることにする．

　明治政府は，1868（明治元）年「五榜の掲示」第一札において「鰥寡孤独廃疾ノモノヲ憫ムヘキ事」と窮民救助の必要性を述べるとともに，明治初期の貧困問題に対して，1871（明治4）年太政官達県治条例別紙において水火災罹災窮民に対する「窮民一時救助規則」を設けたり，貧困農民において多発した間引，棄児対策として，棄児の養育に年7斗の養育米を棄児が15歳（後に13歳）になるまで支給するという「棄児養育米給与方」，離散窮民の行旅者救済のために，旅行中の病人で救護者がなく貧困者の場合は公費を支弁するという「行旅病人取扱規則」を布告したり，1873（明治6）年には3子を出産し困窮の家庭には，その養育料として一時金5円を支給するという「三子出産ノ貧困者ヘ養育料給与方」を定めている．

　この時期，明治維新後の文明開化や天賦人権思想の影響もあり，差別撤廃や人権保護に関する太政官布告もなされている．1871年の「穢多非人等ノ称

被廃候条自今身分職業共平民同様タルヘキ事」(賤称廃止令) や1872 (明治5) 年マリア・ルーズ号事件を契機として発布された「娼妓芸妓等年季奉公人一切解放可致右ニ付テノ貸借訴訟総テ不取上候事」(娼妓解放令) であるが,芸娼妓らの廃業後の生活保障など具体的な人権保障政策や対策は欠けていた.

(2) 恤救規則の制定

明治新政府における最も代表的な救貧法制は,1874 (明治7) 年太政官達として布告された「恤救規則」である.「恤救規則」は,「人民相互ノ情誼」を前提とし,対象を「無告ノ窮民」つまり718 (養老2) 年の養老律令の戸令にある鰥寡孤独廃疾者という伝統的な対象観でとらえ,救済にあたっては厳しい制限主義をとり,国家的社会的責任において救済を行うというものではなく,天皇の仁政としての慈恵主義的色彩の濃いものであった.この制度の実施にあたっては,1875 (明治8) 年の「窮民恤救申請調査箇条」にもあるように,些末なことも内務省に伺い出させる中央集権的救済行政の体制がとられていた.

「恤救規則」の全文は次の様である.

　　恤救規則 (明治七年十二月八日　太政官達第一六二号)
　　済貧恤窮ハ人民相互ノ情宜ニ因テ其方法ヲ設ヘキ筈ニ候得共目下難差置無告ノ窮民ハ自今各地ノ遠近ニヨリ五十日以内ノ分左ノ規則ニ照シ取計置委曲内務省ヘ可伺出此旨相達候事
　一,極貧ノ者独身ニテ廃疾ニ罹リ産業ヲ営ム能ハサル者ニハ一ヶ年米壱石八斗ノ積ヲ以テ給与スヘシ
　　　但独身ニ非スト雖モ余ノ家人七十年以上十五年以下ニテ其身廃疾ニ罹リ窮迫ノ者ハ本文ニ準シ給与スヘシ
　一,同独身ニテ七十年以上ノ者重病或ハ老衰シテ産業ヲ営ム能ハサル者ニハ一ヶ年米壱石八斗ノ積ヲ以テ給与スヘシ
　　　但独身ニ非スト雖モ余ノ家人七十年以上十五年以下ニテ其身重病或ハ老衰シ

テ窮迫ノ者ハ本文ニ準シ給与スヘシ
一，同独身ニテ疾病ニ罹リ産業ヲ営ム能ハサル者ニハ一日米男ハ三合女ハ二合ノ割ヲ以テ給与スヘシ
　但独身ニ非スト雖モ余ノ家人七十年以上十五年以下ニテ其身病ニ罹リ窮迫ノ者ハ本文ニ準シ給与スヘシ
一，同独身ニテ十三年以下ノ者ニハ一ヶ年米七斗ノ積ヲ以テ給与スヘシ
　但独身ニ非スト雖モ余ノ家人七十年以上十五年以下ニテ其身窮迫ノ者ハ本文ニ準シ給与スヘシ
一，救助米ハ該地前月ノ下米相場ヲ以テ石代下ケ渡スヘキ事

「恤救規則」が制定されて後，隣保相救も限界にあり救貧を公的救助義務とする考えもかなり認められてきたが，絶対主義的慈恵政策で十分であるとする見解が支配的であり，慈善は惰民を養成するおそれがあるとする考え方が根強かった．「恤救規則」に代わる「窮民救助法案」として，1890（明治23）年に救助の第1次責任を市町村，つづいて郡府県とする「窮民救助法案」，1897（明治30）年には市町村が救済義務を負うとする「恤救法案」，救貧税を名誉税とし，華族や一般納税者，国家の補助金などを財源とする「救貧税法案」が帝国議会に提案されたが，否決されたり，審議未了で廃案となった．その後，1929（昭和4）年の「救護法」の成立まで，「恤救規則」の改正あるいは一般的な救貧法の立法はなされなかった．

2　感化法制定前後の時期

(1)　感化法制定まで

「恤救規則」制定以後において一般貧困者への救済立法はなされなかったが，特殊救済立法は行われていた．

1875年に伝染病対策における貧困者救済を目的として「悪病流行の節貧困ノ者処分概則」，1880（明治13）年にコレラ，腸チフス，赤痢，ジフテリア，発疹チフス，痘瘡の6種類を法定伝染病として，資力のない者の発病の対処

について規定した「伝染病予防規則」，1897年に日清戦争（1894～1895年）後の貧困問題を含んだ公衆衛生の観点から，伝染病予防規則中の6病にしょう紅熱とペストを加えて伝染病とした「伝染病予防法」が制定された．

1899（明治32）年には，先住アイヌ民族の保護を目的とした「北海道旧土人保護法」（1997年に廃止），日清戦争後の産業革命による人口の都市集中や離村農民の増加など人口流動にともなう行旅病人を，所在の市町村長が救助義務を負う「行旅病人及行旅死亡人取扱法」が制定された．また，1899年には，1880年に困窮農民を対象として制定された「備荒儲蓄法」に代わって，一般的罹災救助を目的とした「罹災救助基金法」が制定されている．

(2) 感化法の制定とその後

「感化法」の制定された1900（明治33）年には，精神病者の監護義務を規定した「精神病者監護法」や「未成年者喫煙禁止法」，「娼妓取締規則」が制定されている．

感化院の設立についての動きとして，1881（明治14）年阪部寛，加藤九郎らが東京府知事および警視総監へ感化院設立の願書，小崎弘道による「懲矯院を設けざるべからざるの議」の発表などがあったが実現しなかった．その後，民間の感化院創設運動などのたかまりを背景として，1900年に満8歳以上満16歳未満の適当な親権または後見人のない悪交のある者，懲治場留置の幼者などを対象とした「感化法」が制定された．感化院の設置は府県の任意であったため設立された感化院は少なかった．

1904（明治37）年から翌5年にかけての日露戦争による独占資本形成にともなう小資本，小規模工場などの倒産による失業，貧困問題も生じていたが，救済事業の性格は，以前からの天皇制的慈恵性によるものとする考え方は変らなかった．

1907（明治40）年現行「刑法」が制定され，責任年齢が14歳に引き上げられるとともに，刑法制定をうけて1908（明治41）年に「監獄法」が制定され「懲治場規定」が廃止となった．刑法施行に伴い「感化法」も1908年改正さ

れ，年齢対象が16歳未満から18歳未満に引き上げられ，司法大臣訓令により14歳未満の者の犯罪に対する処遇としても感化院が利用されることとなり，道府県感化院への国の補助も大幅に増え，感化院の設立が全国的に普及した．

　日露戦争を契機として戦闘などにより障害をうけ生活困難となった者に対して国が設置した廃兵院（1934年に傷病院と改称）に収容して保護する軍事扶助立法である「廃兵院法」が1906（明治39）年制定された．1907年には，患者の届け出義務や癩療養所の設置を主務大臣が命ずる「癩予防ニ関スル件」が公布されている．

第2節　大正時代

1　大正時代前半

　大正期は，第1次世界大戦（1914～1918年）後の恐慌，1918（大正7）年の米騒動，1923（大正12）年の関東大震災と日本の社会事業成立の諸契機となる出来事もあったが，1917（大正6）年社会事業行政の主管として内務省地方局に救護課が新設されたり，1919（大正8）年感化救済事業職員養成所の設置など，社会事業行政組織の整備も行われるようになった時代でもある．

　1917年に傷病兵や戦死者遺族，兵卒家族の救護を目的とした「軍事救護法」（1937年対象範囲や期間を拡大し軍事扶助法に改正），内務大臣の管理に属する国立感化院の設置を規定した「国立感化院令」，1919年には道府県に病院の設置を規定した「精神病院法」，1921（大正10）年に失業対策として各市町村に職業紹介所を設置し得るようにした「職業紹介法」，互助組織により低所得者に住宅を取得させることを目的として「住宅組合法」が，さらに借家人保護などのため「借地法」や「借家法」が同年制定されている．

2　大正時代後半

　感化院の全国的普及により，非行少年に対する保護組織は一応確立されて

いたが，その収容力はきわめて少なく，第1次世界大戦後少年犯罪が累積し，少年犯罪対策の必要が痛感されるようになり，1922（大正11）年「少年法」が制定された．「少年法」制定と共に少年審判所から送致された者などを収容する「矯正院法」が制定され，司法大臣の監督に服する少年審判所（初期は東京と大阪に設置されたにすぎなかった）が設置された．「少年法」は，18歳以下を少年とし，触法少年，虞犯少年に対し少年保護団体への委託，少年保護司の観察，感化院への送致，矯正院への送致，病院への送致など保護処分の形態の多様化を図っているが，成立当時その施行区域は，東京，神奈川，大阪，京都，兵庫に限られていた．

　1922（施行は1926年）年には「工場法」，「鉱業法」の適用を受ける事業所の従業員を対象として，労働者の生活不安の除去や労働能率の向上をねらいとした「健康保険法」，1923（大正12）年に14歳未満の少年の就業を禁ずる「工業労働者最低年齢法」や一般官吏や教職員らの恩給を統合した「恩給法」，盲児聾啞児教育を公教育の体系に位置付けた「盲学校及聾啞学校令」の制定がなされている．また，庶民生活対策としての「中央卸売市場法」も制定されている．大正後半期には，託児所あるいは乳幼児預所と呼ばれていたものが保育所となり，公設保育所も多く設置された．1926（大正15）年「幼稚園令」が制定され，社会事業関係者による託児所令制定の動きが出てくる．

第3節　昭和時代

1　救護法の制定

　昭和となり，金融恐慌，世界恐慌と続き失業者の増加，農村危機の深刻化という社会状況においても福祉国家の方策はとられず，隣保制，家族制を基礎とする救済的視点での政策がとられていた．

　大正末期からの防貧対策の一環として1927（昭和2）年に「不良住宅地区

改良法」や「公益質屋法」が制定された.

　1929（昭和4）年には，深刻な不況下にあって国民生活の不安や思想の動揺を防止するため，「恤救規則」では救貧の目的を達することはできないとして，「救護法」が制定された（施行は1932（昭和7）年である）．「救護法」は，公的扶助義務（救護機関は市町村長）に立脚し，救護の種類を生活扶助・医療・助産・生業扶助とし，国・府県・市町村の救護費負担を明確にしたが，救護対象者については65歳以上の老衰者，13歳以下の幼者などに制限されていた．1917年「岡山県済世顧問制度」を先駆として「東京府慈善協会」の「救済委員制度」，「大阪府方面委員制度」などが設置され，1928（昭和3）年末には全府県に及んだ．方面委員制度は「救護法」の制定にともない一層の発達をし，全国的な統一をはかる必要もあり，1936（昭和11）年「方面委員令」が制定された.

　1933（昭和8）年には，社会経済の混乱，農村恐慌により多発する児童問題に対処するための「児童虐待防止法」，感化を教護と改め，少年の不良化防止のために少年教護委員を道府県に置き，少年鑑別機関の設置を認めた「少年教護法」が制定された．また，少年受刑者の教育を一本化した「少年行刑教育令」が定められている.

　1937（昭和12）年には，国民の体位を向上させるため保健上必要な指導を行うことを目的とした「保健所法」の制定や救護法の対象外である13歳以下の子を持つ貧困の母の保護を目的とした「母子保護法」が制定されている.

2　社会事業法の制定とその後

　日中戦争が拡大し1938（昭和13）年に「国家総動員法」が制定され軍事色が一層強まるなか，わが国で初めての社会事業の基本法である「社会事業法」が制定され，私設社会事業に対する補助が制度化された．この法律は，罰則規定もある全17条からなるもので，第1条に生活扶助を為す事業，児童保護を為す事業，施薬，救療または助産保護を為す事業，経済保護を為す事業など適用事業に列挙主義をとっているが，社会事業についての定義は欠如

していた．この年には「健康保険法」の対象とならない農山村漁村居住者を主な対象とした「国民健康保険法」が制定されている．また，「厚生省官制及び分課規定」が制定され，厚生省の設置も行なわれている．

　1939（昭和14）年に，収容保護・観察保護・一時保護を規定するとともに，国家の責任において行うことを規定した「司法保護事業法」が制定され，司法保護は社会事業から独立し，ほぼ全面的に国家事業となった．この年には，都市勤労者を対象とした「職員健康保険法」や「船員保険法」が制定された．前年の「国家総動員法」に基づいて勤労統制，労務動員を行なうための「国民徴用令」が制定されている．

　1941（昭和16）年には，今日の厚生年金保険の始まりであるとされる「労働者年金保険法」（1944年厚生年金保険法と改称）が制定され，戦時下の労働力の合理的保全が図られている．医療，助産を受けることのできない生活困窮者を対象とした医療保護事業をおこなう事業者に対する「医療保護法」が制定されている．なお，時局に即応するため少年受刑者の教育について，先の「少年行刑教育令」を廃止して，新たに「少年行刑教育令」を制定するとともに，「少年行刑錬成規程」を制定している．

　1942（昭和17）年，国民医療の適正化と国民体力の向上を目的として「国民医療法」，戦争が長期化するなか戦闘行為による災害，戦闘行為に起因して生じた災害の日本国民である被災者を対象として，救助・扶助および給与金を支給し，生活扶助，療養扶助，出産扶助，生業扶助を行なうための「戦時災害保護法」が制定されている．

　1944（昭和19）年，戦局の悪化とともに「女子挺身勤労令」，「学徒勤労令」が出されている．この年東条内閣は総辞職し，1945（昭和20）年8月15日終戦となる．

参考文献
『社会福祉六法2006年版』ミネルヴァ書房．
『国民福祉の動向・第52巻第12号』厚生統計協会，2005年．

第9章 参考文献

『戦時行刑実録』矯正協会，1966年．
重松一義『少年懲戒教育史』第一法規出版，1976年．
守屋克彦著『少年の非行と教育』勁草書房，1977年．
桑原洋子編著『日本社会福祉法制史年表』永田文昌堂，1988年．
吉田久一『改訂増補版　現代社会事業史研究』川島書店，1990年．
吉田久一『新・日本社会事業の歴史』勁草書房，2004年．
百瀬孝『日本福祉制度史』ミネルヴァ書房，1998年．
菊池正治ほか編著『日本社会福祉の歴史』ミネルヴァ書房，2003年．

第10章　社会福祉従事者史

第1節　戦前日本の社会福祉従事者の実態

　戦前日本の社会福祉従事者（以下，従事者という）は，慈善事業や救済事業，社会事業および厚生事業を通じて，現在でいうところの社会福祉の現場を支えてきた人たちである．しかしながら，いわゆる救済事業家・社会事業家といった，名前を確認することのできる経営者たちと比べると，その実態は確認しにくい．まさしく戦前の従事者たちの多くは，「歴然として存在しながら，史には残されなかった人たち」であって，当時の調査などを通じて，部分的なものではあるが，述べていくことにする．

　当時の従事者たちの実態については，内務省調査や社会事業研究所における調査によって把握されている．まず，1910（明治43）年に行われた内務省調査である．この調査によると，感化救済事業数は414で，職員数は2633人，収容人数14439人であった[1]．内務省が把握している数字としては，明治末期には，従事者数は2千人を超えていた．

　その後の従事者に対する実態調査をみると，「中央社会事業協会」におかれていた「社会事業研究所」によって行われた調査があった．この調査は，1922（大正11）年12月末日現在で記入するという指示がなされており，内務省の杵淵義房がその調査の主導的立場にあった．そして，調査結果は『社会事業』において，「社会事業家に関する統計的観察」として掲載された．尚，この調査結果の報告においては，社会事業家についても従事者についても報告がなされている[2]．

　上記の調査の中では，「社会事業主体調査票」において，施設の地方分布

や施設規模を把握し,「社会事業従事者調査小票」によって,従事者の年齢・異動状況・生活状態などの実態を調査するために作成されていた.調査結果によると,従事者の職名が多種多様であって,分類すると18種類となると書かれている.それを挙げると,長くなるが,次のようになる.「(1)会長,理事,監督,主管,副理事,常務理事,専務理事 (2)主幹,主任,主事,幹事,参事,副参事,参務,主事補,副主事 (3)書記,事務員,事務長,書記補,社会事業係,用係,助手,下役 (4)技師,技手,店員 (5)嘱託 (6)雇,傭,臨時雇,筆生,給仕 (7)雑務,監守,守衛,賄方,湯焚,湯券係 (8)方面委員,救済委員,社会改良委員,保導委員,公同委員 (9)差配人（小住宅供給） (10)校長,院長,園長,院父,副校長,舎長 (11)園母,院母,舎母,寮母,家母,主婦,主婦長,族長,家族長 (12)教員,教諭,教師,教頭,教育主任,助教諭,教員心得,教務係,訓導,舎監 (13)保姆,保姆助手,保姆心得,保育所助手,保育婦 (14)醫師,醫員 (15)薬剤師,調剤員 (16)看護婦,巡回看護婦,見習看護婦,看護婦講習生 (17)産婆,巡回産婆 (18)使丁,車夫,炊事婦,倉庫係,雑使婦,女中」[3)]

　この調査においては,一般社会事業での従事者数は,男性2301人,女性1275人であり釈放者保護事業での従事者数は,男性563人,女性94人であった.合計すると,男性は2395人,女性1280人であり,事業数1468で,従事者数は3675人であった.従事者を事業種類別にみると,児童保護事業に従事している人たちが,約4割を占めており,そのうち多数は保母であった.

　年齢構成では,26歳以上30歳以下の者が15％を占めており,さらに,他の事業に比べて,61歳以上の従事者の占める割合が高く,長く勤めている従事者の中には,能率の衰えた高齢者が含まれており,高齢の従事者が他の事業に比べて多いという指摘があった.また従事者の異動については,退職する従事者が年度毎で4分の1程度あり,死亡人員の統計をみると,1パーセントであった.また,従事者として採用されてから,同じ年度に退職・死亡する割合が,2割程度あり,採用の翌年には,約6割が退職・死亡していたというデータが示されている.給与についてみると,従事者として採用されて

から，何十年ものあいだ給与が変らないという状態であり，給与だけでは生活が困難であるため，住居や食事，衣服といった現物が支給されているという報告がなされている．月給の平均額は，従事者男子で71円10銭（1922年に白米10キロで3円4銭），女子37銭20銭で，男女平均59円27銭にすぎなかった．また，社会事業に従事する公務員で76円61銭であるのに対して，私設社会事業従事者は，52円53銭で，無給の従事者が半数であった．1921（大正10）年の協調会の統計によると，労働者世帯の主収入は76円56銭であったことから，社会事業従事者自身が救済を受けなければならないほどの苦しい生活ぶりで，公益質屋を利用したり，残り物の食事をもらってきたりする生活であった．

この調査結果について杵淵は，「現今の社会事業家は優遇所か殆ど生活の安定を得られざる程悲惨な境遇に放任されてある．」と述べている[4]．

このように，社会事業研究所の調査によって明らかとなった従事者の実態は，待遇問題として認識されていたが，改善される兆しはなく，結局のところ，私設社会事業従事者（民間の従事者）に対して，従事者への調査と時期としては前後しているが，共済組合を勧めるという解決策が示されたに止まったのであった[5]．そして，内務省は従事者に対する待遇改善を真剣に考えることがなく，わずかな奨励金と表彰によって対応したにすぎなかった．

当時の私設社会事業に従事した人たちは，上記のような生活状態であったことに付け加えて，児童の施設などでは，子どもたちと同じベッドで睡眠をとるなどのまさしく24時間を拘束された生活を余儀なくされていた．また，社会事業家も従事者と同様に，苦しい生活であったということは，彼らの手記や証言などから確認することができる．それは，例えば，高木武三郎による証言においては，寒い時期になると，新聞を着物のなかにいれて寒さを凌いだという社会事業家もいたという[6]．

第2節　戦前日本の社会福祉従事者論

戦前日本の社会福祉従事者論は，慈善事業家・救済事業家・社会事業家論

と従事者論とが混在している場合が少なくないが，代表的な論者としては，海野幸徳・山室軍平・高田慎吾・田子一民（たごいちみん）・留岡幸助・杵淵義房・生江孝之・山口正といった人物を挙げることができる．

　この人物たちのなかで，実践者でもあった高田は，「東京養育院」での救済事業の実践のかたわら，野口幽香たちが運営していた「二葉保育園」に出入りをして実態を観察し，さらに大阪の「大原社会問題研究所」に移ってからも，実態に即した提言をしている人物である．彼の論をみてみると，次のように確認することができる．

　それは，慈善事業家・救済事業家・社会事業家といわれる人たちには，科学的知識・社会的知識が必要であり，また「思慮分別に富むこと」や「高き識見を有すること」「同情の念敦きこと」をその資格としている．科学的知識という点においては，「慈善事業は一面に於て経済上の問題であるが故に，其方面の智識を必要とし，尚は吾々の身體に関する問題を取扱ふものであるから，疾病治療並に」また，注目できる点としては，いわゆる慈善心というのは，単純な同情というものにと止まらず，救済を受ける人の人格を尊重し人間の無限の価値に敬意を表すことであると述べている点である[7]．

　ところで，第1節で述べた杵淵は，従事者についての調査結果を報告するなかで，社会事業家の質というのは，人格が高潔であって，犠牲的精神に富むこと，科学的専門的知識を備えていることが，主要なものであるが，科学的知識が貧弱であるという見解を述べている[8]．尚，杵淵は，「中央社会事業協会」に勤務して，『本邦社会事業』を著し，『全国社会事業名鑑』を編纂したのちに，台湾において感化院の院長を務めた人物であった[9]．

　また，アメリカ留学後に，日本にケースワーク論を紹介した竹内愛二は，社会事業のなかで科学的技術性が最も多いのは，「ケースウォーク」であって，「ケースウォーク」は，三つの点で科学的技術性をもっていると述べている．その三点とは，竹内によると，①救済される人の問題を個別化し，特殊化すること，②科学的分析によって，ケースを徹底的に理解すること，③個別化されたものを類型化することなど，を挙げている．さらに，社会事業

の研究には，経済学・法律学・政治学・心理学・生理学・医学・行政学・社会政策・社会立法・統計学についても協同科学として必要であると述べている．これは，結局，「隣人愛による貴い奉仕事業家」という空虚な考えに陶酔するのではなく，社会事業家が社会事業科学を修得した技術者として，自己の地位を確立する必要があるというのである．[10]

しかしながら，多くの論者たちは，一方的な精神論を繰り返すだけであり，必ずしも当時の従事者たちの実態に即した論ではなかった．その証拠に実態調査が行われても，結局待遇をはじめとする労働条件を改善していく余裕が経営者側にはなく，論の展開は，従事者がこうあるべきという理念と実態との間の乖離を埋めることができないという限界をもっていた．

第3節　戦前日本の社会事業教育

前述した従事者の実態や従事者はかくあるべきという論がある一方で，どのような従事者養成がなされていたのであろうか．

これは，まず社会事業教育のはじまりとして認識されている教誨師養成である．次に，内務省主催の「感化救済事業講習会」（のちに社会事業講習会）が挙げられる．初回の講習会は，1908（明治41）年に行われており，その後1923（大正12）年まで毎年開催された．また，当初年に1回東京において開催されたこの講習会は，1915（大正4）年からは年に2回から3回行われて，全国を巡回して行われていた．この講習会には，官僚であった井上友一や知的障害児施設の現場にいる石井亮一といった人物が講師として登場していた．

しかしながら，この講習会には，従事者全員に保障されていたというわけではなく，1908（明治41）年から1922（大正11）年までに29回行われて，「修了せる総員」は6296人であった．[11]この数字は，当時の従事者数と比較すると，当時の従事者教育は不充分であったと言わざるをえない．

政府は，国立感化院であった「武蔵野感化院」内に「感化救済事業職員養成所」を1919（大正8）年3月に設置する．また，大正大学（当時は宗教大

学)・東洋大学・日本女子大学校などが，社会事業教育を行うようになり，大正末期には明治学院大学において，昭和初期には同志社大学で，社会事業教育が始められた．さらに，保母養成所が置かれ，研究機関が生まれ，各種の講習会が府県・慈善協会主催などでさかんに行われるようになっていった．

1920（大正 9 ）年には，「第 5 回全国社会事業大会」において，社会事業教育についても論議されており，「中央社会事業協会」は，専門的な社会事業家の養成を目指して，内務省社会局と「恩賜財団慶福会」の援助を受けて，「社会事業研究生」制度を設け，1928（昭和 3 ）年から，1943（昭和18）年まで続けられた．これは，大学や専門学校の卒業生を若干名採用して，1 年間の教育・訓練を行ったものである．その社会事業研究所の研究生の中から，戦後に大学・専門学校において社会福祉教育を行い，研究者となった人物が輩出された．

救済事業・慈善事業・社会事業の現場においても，後継者養成は焦眉の課題であり，日本で最初の知的障害児施設である「滝乃川学園」においても，一時期保母養成をおこない，施設経営者であった石井亮一の妻，石井筆子もその講師として登場していた．また，大阪の「石井記念愛染園」においても，1918（大正 7 ）年から，「社会事業職員養成所」を開設しており，留岡幸助も1901（明治34）年には，家庭学校に慈善事業師範学校を付設し，従事者養成を始めている．

ところで，たびたび登場する「中央社会事業協会」の杵淵も，社会事業講習会において教務主任的な役割をはたしており，「不良少年保護事業」の講師を担当していた．[12]

注
1 ） 『慈善』第 2 編第 3 号，1911年 1 月，p. 88．
2 ） 杵淵義房「社会事業家に関する統計的観察」『社会事業』第 7 巻第 5 号，1923年 8 月．
3 ） 同上，p. 516．
4 ） 同上，p. 537．

5）　杵淵義房「社会事業家に為めに共済組合の設立を論ず」『社会事業』第5巻第7号，1921年10月．
6）　吉田久一・一番ヶ瀬康子編『昭和社会事業への証言』ドメス出版，1982年，p.263．
7）　高田慎吾「現代の救済事業並救済事業家の資格」『社会と救済』第1巻第3号，1917年12月，p.236．
8）　杵淵，同上，p.538．
9）　寺脇隆夫「杵淵義房『本邦社会事業』とその著者」(『戦前期社会事業基本文献集27　本邦社会事業』日本図書センター，1996年．
10）　竹内愛二「社会事業技術と従事者の養成」『社会事業』第25巻第7号，1941年9月，pp.20-29．
11）　社会局社会部『本邦社会事業概要』1926年，p.27．
12）　寺脇，解説 p.11．

参考文献
浅井春夫「社会福祉労働の現代的課題」『福祉研究』(日本福祉大学社会福祉学会）第38号，1978年．
一番ヶ瀬康子・吉田久一編『昭和社会事業史への証言』ドメス出版，1980年．
菊池正治・阪野貢『日本近代社会事業教育史の研究』相川書房，1980年．
黒木利克『日本社会事業現代化論』全国社会福祉協議会，1958年．
社会福祉研究会編『戦前日本の社会事業調査』勁草書房，1983年．
日本社会事業大学編『戦後日本の社会事業』勁草書房，1967年．
週刊朝日編『値段の明治大正昭和風俗史』朝日新聞社，1981年．
山室軍平『社会事業家の要性』中央社会事業協会，1925年．
吉田久一『現代社会事業史研究』勁草書房，1979年．
吉田久一『昭和社会事業史への証言』ドメス出版，1980年．
鷲谷善教『社会福祉労働者』ミネルヴァ書房，1978年．

第11章　施設史

第１節　施設史の概要

　現代の社会福祉施設には，高齢者に関する施設として，特別養護老人ホームをはじめとする各種の老人ホームや，デイケアサービスセンターなどがあり，障害者に関する施設として，更生施設や療護施設，授産施設があり，児童に関する施設として，乳児院や児童養護施設，自立支援施設，保育所などがあり，その他，救護施設や医療保護施設などがある．
　このような社会福祉施設は，「社会福祉法」（第２条）に定める事業であり，社会福祉六法などの各福祉分野に関連する法律の規定により設立，運営がなされているものである．例えば，高齢者に関する施設は1963年の「老人福祉法」により制度化され，2000年に「介護保険法」が施行されたことにともない，「老人福祉法」上の老人福祉施設は，同時に「介護保険法」上の介護老人福祉施設となったのである．つまり，社会福祉施設とは，「社会福祉法」に規定される社会福祉事業であり，「児童や障害者，高齢者への専門的福祉サービスを家族に代わって提供する公的な機能と場」[1]として理解されている．
　では，社会福祉に関する法律が整備される以前の施設とはどのようなものであったのだろうか．

第2節　慈善救済事業・感化救済事業期の施設史

1　明治初期の施設史

　明治維新後の日本が「近代国家」を目指すなかで最初に取り組んだ事業は,中央集権的国家体制の確立と殖産興業政策であり,富国強兵策であり,それらを緊急かつ最重要課題としており,これらに対して巨額な財政投資がされている.そのため,明治時代の政府の福祉的対策は臨時的・応急的処置であり,貧窮・罹災者に対して応急処置的に幾度か恩給等による救済処置がとられただけにとどまり,貧困者に対する救済事業や,その慈善事業施設の設立・運営にまで着手できず,根本的な社会問題解決となるような政策は行われることなく,庶民の同胞相憫という思想により生じる,相互・隣保扶助に依存するような消極的な姿勢でしかなかった.そのため,困窮者をはじめとする社会的弱者を支える様々な慈善事業は,民間慈善家や篤志家,そして多くの宗教者の手に委ねられるような状況となった.そしてこの様な傾向は,貧救事業だけではなく,その他の養育・養老事業や,感化救済事業等の慈善事業全般にみることが出来る.

　このような状況のなかで,政府が最初に取り組んだ福祉事業も貧困対策であった.それは生活困窮者を臨時的かつ応急的に収容する施設,すなわち窮民救助施設（賑救廠）や窮民教育所の設立であり,それらは治安対策および治安維持の要素が強いものであった.その代表的な施設（事業）として,大阪府が1870年に設立した「救恤場」（札の辻町救恤場）や1869年に東京の三田などに設立された「教育所」（1872年までに廃止される）,1872年に営繕会議所の「東京養育院」があげられる.一方,民間の施設では,小野太三郎が石川県金沢市に1873年に設立したとされる「小野慈善院」（現：社会福祉法人陽風園）や,善光寺の奥田貫照による「大勧進養育院」（1883年）などがある.これらの施設は,収容する対象を児童や高齢者などと限定しない,いわゆる

「混合収容形態」[2]であるのが特徴である．

　また，この期の児童保護・感化救済事業は，主に幕末期から続く農民の窮困を背景として生じた堕胎，間引，棄児等の問題に対するものであった．これを受けて，新政府が具体策として提示したものが，1871年公布の「棄児養育米給与方」や，1875年公布の「恤救規則」である．しかし，これらが対象としたものは孤立無援の幼弱者に限られ，該当児はわずかであった．これに対して，実質的に教育事業を担っていたのは，「函館育児会社」（1871年，後に函館育児会社改称）や，「横浜慈仁堂」（1872年，後に薫女学校と改称），「築地孤児院」（1875年），函館に設立された「日本聖保禄会」（1878年），本所カトリック教会が設立した「本所孤独学校」（1879年），幼きイエズス修道会が設立した「大阪養育院」（同年），今川貞山らによって設立された「福田会育児院」（同年）など，民間の施設であり，宗教者が設立に関与しているケースが多いのが特徴である．また，1884年に池上雪枝によって不良児童を収容保護する活動が行なわれており，後の感化院の先駆けとなる事業として注目される．

　障害児の保護や教育を目的とした政策や実践は，1878年に古河太四郎が京都に「盲啞院」（翌年，京都府立盲啞院と改称）を開設し，聴覚障害児に対する教育に尽力するとともに，障害児調査を実施したことが注目される．その他，1880年に中村正直らによって「楽善会訓盲院」が開設されている．

　高齢者に関しては，1874年布達の「恤救規則」第2項の条文で，極貧者の生活を救済することが強調されたが，「極貧」「70歳以上」「重病または老衰」「労働能力の喪失」「扶養者なし」という条件が揃わなければ救済を受けることができず，この「恤救規則」は高齢者に対する実質的救済を規定するものとは言いがたい．つまり，この時期の高齢者に対する福祉サービスは貧困問題の一部として捉えられており，高齢者に特化した施設は設けられず，先述した貧困救済のための「混合収容救護施設」に含まれるものであった．

　医療に関する救済制度としては，1874年に制定された「医制」の中の，極貧者に対する入院料および薬種料の免除限定や，1875年に公布された「患病

流行ノ節貧困ノ者処分方概則」等があるが，これら医療に関する救済制度の多くは，流行病を契機とした応急処置的なものであった．そのため，他の救済事業と同様に民間の事業家等によって施療事業が行われていた．それは，「1876年までに官立病院7施設，公立病院が64施設が設立された．その多くは貧困者の施療をかかげたが，実際には少数であった[3]」という記載によっても明らかである．代表的な施設として，アメリカ人医師の H. ラニングによって1873年に設立された「米国伝道会社施療院」，1877年に佐野常民らによって設立された「博愛社」（後に日本赤十字社と改称），1875年に初めての公立の精神病院である「京都府癲狂院」（1882年に閉鎖）が開設され，次いで1879年には「東京府癲狂院」が設立される．私立の精神病院では，「加藤瘋癲院」（1878年）や「岩倉癲狂院」（1884年）などがある．

2 明治中期の施設史

明治中期の始めである1887年前後から機械を使用する工場が発達し，紡績工業に代表されるように，1890年にはその製品が国内需要をオーバーするようになり，第1次の恐慌を迎えた．一方，1888年の岐阜県の暴風雨，徳島県の大洪水，大阪府の暴風雨，1889年の九州や近畿地方の大洪水，熊本県の地震等の相継ぐ災害のために，罹災困窮に陥る者が頻発し，農民をはじめとする一般民衆の生活不安は，日に日に激化する状態となった．このような社会状況に対して「恤救規則」では対応しきれず，「窮民救助法」の成立が急がれたが，この法案は成立されることはなかった．また，1894〜5年の日清戦争を経てから，第1次の生産過剰恐慌を迎え，労働問題を主とした社会問題を提起する声は一層激しいものとなり，さらに明治33〜34年にかけて，第2次の恐慌がおこり，農民離村や都市流民の増加が激増した．

この時期になると，それまでの「混合収容形態」の施設から，対象者を孤児や高齢者と限定した「入所型施設」が登場する．孤児などの児童を対象とする「入所型施設」は，明治前期にもみられるが，この時期には1887年に石井十次が設立した「岡山孤児院」，本郷定次郎の「暁星園」（1891年），宮内

第2節　慈善救済事業・感化救済事業期の施設史

大作の「上毛孤児院」(1892年)，五十嵐喜廣の「飛騨育児院」(1895年)，福田平治の「松江育児院」(1896年)，加藤敏郎の「汎愛扶植会」(1896年)，能教海の「三重養育院」(1901年)，佐々木五三郎の「東北育児院」(1902年)など，多くの施設が設立された．また，対象を高齢者に限定する「入所型施設」が登場するのもこの時期であり，E.ソートンの「聖ヒルダ養老院」(1895年)，寺島ノブへの「神戸友愛養老院」(1899年)，平岩幸吉の「栃木養老院」(1901年)，岩田民次郎の「大阪養老院」(1902年)，宮内文作の「上毛慈恵会養老院」(1903年)，菊池尚彦の「東京養老救護会」(1903年設立，後に東京養老院と改称)がある．また，不良児童などを対象とする感化事業は，1886年に千葉県下の仏教寺院が共同事業として「千葉感化院」が設立されたのをはじめ，翌1887年には大阪市の超願寺に「感化保護院」が設立されるなど，明治初期までに行われていた監獄所における教誨事業だけではなく，宗教家等が中心となって各地に感化院が設立された．例えば，山岡作蔵の「三重感化院」(1897年)，留岡幸助の「家庭学校」(1899年)などがあり，1902年には公立の最初の感化院として神奈川県に「県立薫育院」が設立される．また，「東京市養育院」に感化部が設置(1897年)されるなど，それまで孤児などの養育を行っていた施設に感化部が設置されるようになる．一方で，1894年に大日本紡績が東京の工場内に保育所を設置し，赤沢鍾美が設立した「新潟静修学校」(子守学校)付属の保育事業(1890年)や野口幽香らが設立した「二葉幼稚園」(1900年)など，託児所や保育所が設立され，さらに貧児教育を目的とした子守学校などの「通所型施設」が台頭する時期でもある．

　この期における医療保護事業のうち，特に注目すべきものは，結核とハンセン病に関する事業である．結核に関しては，資本主義成立の中，労働者の過酷で劣悪な労働条件と相応して増加を続け，死亡原因として結核が大きな位置をしめるようになる．このような状況の中で，政府は結核対策として1904年に「結核予防ニ関スル内務省令」を公布するまでは，表立った対策をとっていない．そのため，この期は民間や地方団体などによって，貧困結核患者を無料で救療する施設が設立されている．また，高橋正純が大阪に設立

した貧民病院（1888年）をはじめ，結核に限定せず，貧民のための医療機関が多数設立されている．これらは，この期に自然災害が多く生じ，衛生状況が悪化した上，コレラなどの伝染病が流行したことも動機の1つと考えられるが，それと同時に，結核の予防および早期治療を考慮し，貧困者を対象とする医療機関が設立された．ハンセン病については，1907年に公布された「癩予防ニ関スル件」まで，制度的に無策のまま放置されていた．その中で，1887年にテストウィドが静岡県御殿場に救癩施設として「神山復生病院」を設立したことをはじめとして，1894年に宣教師ヤングマンが東京目黒に「好善社」の事業として「癩患者救済所」を設立するなど，宗教家等による先駆的な取り組みがみられるようになる．

また，この期の障害児に対する施設として，新潟高田の「訓盲談話会」（1888年，後に高田盲学校と改称），M.ドレパールの「盲人福音会」（1889年，後に横浜訓盲院と改組），石井亮一の「孤女学院」（1891年，後に知的障害者のための滝乃川学園と改称），M.ドレパールの「私立函館訓盲会」（1895年，後に函館盲啞院と改称），渋木重庵の「私立福島訓盲学校」（1898年），五大五兵衛の「私立大阪盲啞院」（1900年，後に市立大阪盲啞学校に改組），伊沢修二が東京小石川に吃音矯正を目的として「楽石社」（1903年）などがあげられる．

また，1897年には片山潜がイギリスの「トインビーホール」にならい，東京の神田に「キングスレー館」を設立し，セツルメントが登場する．

その他，この時期は直接的な福祉事業が展開されただけではなく，各学校・病院の付属機関として看護婦の養成所や保母養成所が開設されるようになり，福祉従事者の専門教育がなされたことは，重要な動向であったといえる．中でも1901年に留岡幸助が家庭学校内に慈善事業師範部を開設したことが注目される．この慈善事業師範部では，単に援助技術を学ぶだけではなく，福祉事業（活動）を行う際の根本理念となる宗教や倫理学，さらに心理学をも科目として開設しており，対象者である人間というものを重視した教育であったことがうかがわれる．

3 明治後期の施設史

　1904年の日露戦争開戦から始まる明治後期は，特に日露戦争終結後から恐慌の激化，農業危機の展開，これに伴う労働争議の拡大，小作争議の頻発等など，社会状況はますます悪化した．それに対し，政府は治安維持に関する法令を整備するとともに，1908年に「監獄法」を公布し，同年の「感化法改正」によって，道府県の感化院設立義務化と国庫補助を規定し，さらに具体的救護方法として同年に内務省主催で「第1回感化救済事業講習会」が開催されるなど，政府の積極的な取り組みがみられる．また，この講習会を契機に民間の救済事業の組織化（中央慈善協会）がなされた．

　この時期の福祉は感化救済事業といわれ，「感化」的側面が強く打ち出されるところにその特徴がある．また，この時期は先述したように，組織化がみられる時機であり，個々の活動も組織的に行われるとともに，活動団体同士を結ぶ組織化や地域内での組織化が進められた．さらに，この時期は社会福祉の各分野にわたって，専門分化がなされ，分野ごとの専門的研究が進められるとともに実践活動に結び付けられ，全国規模で社会福祉の実態調査も行われ始めた．

　この期の障害児に対する事業として，1909年には脇田良吉の発意によって，京都府教育会の付帯事業として，知的障害児教育を行う「白川学園」が設立され，翌1910年には栃木県に「西原小学校特別学級」が設立され，さらに翌1911年には「門司市特別学級」が設立されるなど，特別学校・特殊学級の設立が相次いだ．また，1906年の「盲唖教育に関する建議」以降，盲唖教育関係者の全国的組織化とそれに基礎を置く盲唖教育令制定運動が高まり，それにともなって1905年以降，盲唖学校設立が急増している．この盲唖教育に関する動向に刺激され，低能児教育制度の創設機運も高まっていったのである．

　さて，先にも述べたように，1908年に「感化法」が改正され，都道府県において感化院施設設立が義務化されたことを機に，感化院設立が急増したのであるが，道府県立の感化院だけでなく，私立の感化院も多数設立され，さ

らには，司法保護事業や免囚保護事業などが宗教家を中心に活発に行われた．この期の司法保護及び免囚保護事業の特徴は，個々に活動していたのではなく，組織的に団体として活動しているという特徴が見られる．

　また，ハンセン病に関しても，この明治後期に大きな変動が見られる．それは1907年に「癩予防ニ関スル件」が公布され，同年に内務省によって，道府県立癩療養所設置区域が定められると，新たな私立癩病院の設立はあまりみられなくなる．

　さらに明治後期は，西洋で福祉事業を学び，留学した者が帰国を果たし，各種事業において西洋で学んだ専門的援助技術を実践し，その上，日本において講習会をはじめとする各種福祉事業従事者の専門的教育がなされ，本格的かつ専門的援助技術や方法論等の知識が導入されると同時に，それらの専門的知識を身につけ，実践する者が増加し，単なる施設事業数が増加しただけではなく，専門分化した施設が増加していることが重要である．特に先述した内務省主催の「第1回感化救済事業講習会」の後に，監獄協会が「第1回免囚保護事業講習会」を開催，また真宗本願寺派が「第1回女教誨師養成所」を開設するなど，感化救済事業に関する講習会が多く開催された．

第3節　社会事業期の施設史

1　大正時代の福祉施設

　大正時代は1918年の米騒動に象徴されるように，国民生活が貧困化するとともに，それが社会運動や労働運動へと展開した時期である．そして，この時期は貧困層に加え，下層労働者（低所得者，生活困難者）を中心とする細民層が増加し，福祉の対象もこれまでの極貧層から下層労働者を含むまでに拡大する．そのため，この時期の事業は職業紹介所，公営住宅，簡易食堂，公設市場，公益事業，公設浴場などの経済保護事業が広く展開される．また，この時期にはこれまでの「貧救」という視点からの事業から「防貧」に重き

が置かれるようになる．そのため，セツルメントが重要な役割を担うようになる．代表的なセツルメントとして，大阪の「石井記念愛染園」,「四恩学園」,「マハヤナ学園」,「東京帝国大学セツルメント」などがある．

また，この時期は「社会事業」が成立する時期でもある．社会事業という名称が一般的に用いられるようになったのは1920年に開かれた第5回全国社会事業大会頃からであり，一般に社会事業が成立するために必要な要素である社会化，組織化，専門化，科学化，予防化がこの時期に揃ったといえる．

さて，この時期の代表的な児童に関する施設には，国立の感化院としての「武蔵野学院」の開設（1919年）があげられる．その他，それまでに登場していた児童保護施設や保育所などに加えて，就学保護，児童相談所，小児保健所，乳幼児保護，妊婦乳児相談所，産院など，多様な事業が展開を見せる．

2　昭和戦前期の福祉施設

1929年に「救護法」が制定され，1932年に実施され，これによって福祉の施設が法的に位置づけられた．しかし,「救護法」で「救護施設」に位置づけられたものは，養老院，孤児院，病院であり，極めて限定的なものであった．1938年には,「社会事業法」が公布される．「社会事業法」では，社会事業の施設（事業）を①養老院，救護所その他生活扶助のための事業，②育児院，託児所，その他児童保護のための事業，③施療所，産院，その他施薬，救療または助産保護のための事業，④授産所，宿泊所，その他経済保護のための事業，⑤その他，勅令によって指定される事業，⑥これらの事業に関する指導，連絡，または助成をする事業，以上の6項目に広がりを見せる．

その他，救護5法が整備される中，1931年に「荏原無産者託児所」，翌年に「亀戸無産者託児所」と「吾嬬無産者託児所」が設置されているが，いずれも1934年までに閉鎖されており，いわゆる無産者運動の流れによる一時的な施設であった．

さらに，戦時体制の福祉は戦時厚生事業といわれるが，この時期は軍事援護事業が国家の最優先事項であり，戦力にもならず，労働力にもならない被

救護世帯や高齢者，重度の障害者や疾病をもつ人たちに対する社会事業は軽視されるとともに，社会事業施設と生産施設の統合がなされ，施設の工場化がみられる．また，セツルメントをはじめ運動型の社会事業活動は困難を極め，閉鎖に追い込まれた施設（事業）も少なくない．またキリスト教系の施設では，施設名の変更を求められたり，施設の指導的立場にあった宣教師の帰国も余儀なくされた．その他の施設も地方へ疎開する動きが見られ，この時期の社会事業は苦難の時期であった．

注
1）小笠原祐次・福島一雄・小國英夫編『社会福祉施設』有斐閣，1999年，p. 3.
2）1）同書，p. 24.
3）池田敬正・土井洋一編『日本社会福祉綜合年表』法律文化社，2000年，p. 19.

参考文献
池田敬正・池本美和子『日本福祉史講義』高菅出版，2002年．
池田敬正・土井洋一編『日本社会福祉綜合年表』法律文化社，2000年．
小笠原祐次・福島一雄・小國英夫編『社会福祉施設』有斐閣，1999年．
高島進『社会福祉の歴史——慈善事業・救貧法から現代まで』ミネルヴァ書房，1995年．

第12章　社会福祉方法論史

第1節　ケースワーク論の導入

　戦前日本における社会福祉方法論は，ソーシャル・ケースワーク論（以下ケースワーク論という）に限定される．いわゆる伝統的な社会福祉方法論のうち，ケースワーク論以外のものは，戦後日本に導入された．そのことから，本章においては，戦前日本の社会方法論史については，ケースワーク論に限定して述べることとする．

　戦前日本のケースワーク論導入に寄与した主な人物は，三好豊太郎・小澤一・福山政一・竹内愛二といった人たちが挙げられる．彼らは，当時欧米で展開したケースワーク論について，その日本語訳を行い，理論を紹介しており，大正中期からすでに文献上で，翻訳を含めて確認することができる．しかしながら，第2節・第3節において述べるが，それらには邦訳と彼らの理論との混同が見受けられる．つまり，戦前日本におけるケースワーク論は，翻訳と紹介の段階であったということである．リッチモンド（Richmond, Mary）が1917（大正6）年に『社会診断』（Social Diagnosis）を，また1922（大正11）年にはさらに『ケースワークとは何か』（What is Social Case Work?）を著していることから，これらの著書が出版されてから日本に理論が伝えられるまで，わずか数年であった．

　ケースワーク論が日本に導入された時期については，上記のように，大正中期からであるという確認が，これまでなされてきた．それは，雑誌『慈善』・『社会と救済』・『社会事業』の誌上に掲載された論文などによって判る．また，翻訳などを出版するだけではなく，個人的に文献を入手している可能

性もあることから，それ以前からケースワーク論が日本に伝えられていたとも考えられる．いずれにしても，文献上で確認できる初期のものとして，矢吹慶輝が「欧米社会事業統制機関としての聯合慈善会について」というテーマで『慈善』において，1917（大正6）年4月にリッチモンドについて触れている．また，この雑誌が改題されてすぐの号である『社会と救済』第4巻第7号（1920年10月）において，1920（大正9）年に開催された全米社会事業大会の席上でなされた「ケースウォーク」についての討議が報告されている．そして，具体的なケースワークの内容については，次に述べる三好豊太郎らによって紹介されている．主だった論者による理論の翻訳・紹介などについて，次節において述べることにする．

第2節　戦前のケースワーク論

1　三好豊太郎によるケースワーク論の紹介

　現在の『月刊福祉』に継承されるところの，当時の『社会事業』第8巻第7号（1924年10月）において，三好豊太郎は，「"ケースウオーク"としての人事相談事業」を掲載している．このなかで，三好はケースワークについて次のように述べている．「社會事業の中心生命はケースウオーク（Case Work）にある．ケースウオークは個人を診斷し，單に一時的救助に止まらずして個人に適當した最良の方法を講じて，長く幸福生活をなし得る樣人格を向上せしむるにある．[1)]」三好は，さらにこの論文において，ケースワークを実際に展開する分野として，警察制度・方面委員制度・巡回看護制度・学校教育・人事相談事業などを挙げている．

　その後，三好は『社会事業』第13巻第8号（1929年11月）において，「社會診斷の発展過程」を発表し，救護法の運用は，方面委員によるところが期待され，そのためにも「ケース・ワァーク」が必要であると述べている．また，この論文の中では，リッチモンドの紹介だけではなく，キャボット（Cabot,

Richard C.) の著書である Social Work:Essays on the Meeting-ground of Doctor and Social Worker（1919年）を『医師と社会事業』として内容を紹介し，医療と社会診断の関係について述べられている点は，貴重であると評価している．

ところで，三好は社会事業の現場においても，実際に活動した経験をもつ，キリスト教を思想基盤とする当時の社会事業研究者であり，アメリカ社会学理論をベースとした研究者であった．上記のような論文のほかに，ケースワークに関係する著書として，『社会事業大綱』（章華社，1936年）・『社会事業精義』（三省堂，1939年）が出されている．前者では，第10章　社会事業方法論，第11章　社会事業技術論を著し，ケースワークについての体系を，いわば日本で初めてまとめたものとなった．また，後者においては，「社会診断法」として社会診断と社会調査を挙げており，「リッチモンドによって展開された社会診断の重要なる業績は會見法 Interview である．[2]」として，面接を位置づけている．この『社会事業精義』は，厚さ5センチ近くの大著であり，三好社会事業論が集大成されている．三好の展開したケースワーク論は，リッチモンドの理論の影響を強く受けており，随所にリッチモンドの著書の翻訳が登場する．しかしながら，その翻訳と彼の理論の区別が困難なほどであり，独自に三好がケースワーク論を展開したということではなかった．

2　小澤一によるケースワーク論の紹介

小澤一も三好と同様に，リッチモンドのケースワーク論の影響を受けており，三好が理論を紹介した時期と同じ時期である1924（大正13）年4月に，『社会事業』第9巻第1号において，「組織社会事業とその元則──オーガナイズド・チャリチーとケース・メソッドの發達──」を掲載している．小澤はこの論文の中で，「ケース・ウオークとは保護を要する社會事件を組織的に取扱ふ仕事であって，その取扱ひ方法を事件取扱法と云ふのである．[3]」と述べている．そして，「ソーシャル・ケース・ウオークの技術は二つの主要部分に分れる．社會的調査と社會的處置が是である．さうして事件記録は

調査の結果と取扱の階程を正確に記すものである.」と述べた. つまり,小澤は,「組織的社会事業」の方法として社会事件取扱法を挙げており,ケースワークの技術は,社會的調査(ソーシャルデイアグノシス)と社會的處置(ソーシャルツリートメント)の2つであるとしたのであった.

小澤は『社会事業』の誌上において,他にも論文を掲載している.「社會事件の取扱方法(ケース・ウォークの理論と實際)」と題して,第16巻2号(1932年5月)から第16巻7号(1932年10月)まで,5回にわたって連載しているものがそれである. そこでは,ケースワークの意義として,「生活の調整と正常生活の恢復」と「教育的方法と人格の發達」を挙げており,さらに「事件事業は被保護者と環境との不調和を調整して生活困難な家族の中に健全な生活要素を生み出す働である.」また,同じ『社会事業』第15巻第3号において,「救護法實施に對する救護事業者の準備如何」を1931(昭和6)年6月に掲載している.

これらの論文は,その後出版された『救護事業指針——救貧の理論と實際』(巌松堂,1934年)に結実しており,方面委員にケースワーカーの機能を期待したのであった. しかしながら,多くケースを方面委員が取扱うことから,方面委員を補助するものとして,専門のケースワーカーを置くことを期待していたのであった.

ところで,小澤は哲学を学んだ後に,「東京養育院」での実践を行っていた. その後,1920(大正9)年に内務省社会局嘱託となって,欧米へ視察旅行で出かけるということがあった. また,社会局嘱託のままで,「浴風園」における実践をしており,仏教思想をもとに論を展開していた. 彼の思想的下地は,結局のところ,彼が欧米のケースワーク理論を消化するためには,限界を示すこととなっていた. しかしながら,ケースワークを「事件取扱法」と訳して,ひとつの手法として捉えたこと,ケースワークを救護法運用のために,当時の社会事業の現場に取り入れようとしたことは,注目できることである.

3 福山政一によるケースワーク論の紹介

　福山政一は，雑誌『社会事業研究』において，6回にわたって「社會事業に於けるケースウヮークの意義及方法」を連載している（1928年3月〜11月）．ここでは，リッチモンドをはじめとして，非行問題の専門家であるヒーリー（Healy, William）の理論についても紹介されている．福山は，先に述べた小澤の『救護事業指針』について高く評価しながらも，一方では，訳語についての指摘を行なっている．それは，小澤が社会診断を社会調査と訳したことについて，いわゆる科学的調査と生活問題を解決するためにおこなう社会的な調査を区別して，「社会的調査」と訳すべきであるとの指摘であった．ちなみに，福山は三好と同じく社会学の出であり，三好と共通して，戸田貞三の社会学の影響を受けている．その社会学的なアプローチは，個人と社会関係を重視するものであった．

　福山は，ケースワークは専門的技能として確立されてきたものであることを認識しており，方面委員は篤志家としての活動であるとの見解をもち，ケースワーカーは専門職能人であって，それを補助するのが方面委員であるとの考え方であった．これは，小澤の考え方とは大きく違う点であった．

　ところで，福山は学生時代にシカゴ大学に留学しており，その後セツルメントでの実践を経て内務省の嘱託となり，「救護法」が制定される頃に，内務省社会局保護課に勤務していた．さらに，「中央社会事業協会」の社会事業研究所に入り，方面委員連盟の嘱託となっている．彼が，現場経験を活かしながら，ケースワークについて理論を展開していくには充分な環境のなかにあったといえよう．また，大正デモクラシーの雰囲気は，福山のみならず，ケースワーク論者に影響を与えたということは，言うまでもない．

4 竹内愛二によるケースワーク論の紹介

　竹内愛二は，雑誌『社会事業研究』第24巻第1号（1936年1月）において，「ケース・ウオークの職能と其遂行過程の研究」という論文を書いている．

その後，1938（昭和13年）には，『ケース・ウオークの理論と実際』（巌松堂）を出版している．

　もともと牧師の息子として生まれた竹内は，同志社中学卒業後に牧師の道を歩むことなく，労働者となっていた．その彼が，はっきりとした目的がなく渡米して，1924（大正13）年から1929（昭和5）年まで，アメリカにおいてケースワークを学び，日本に帰国した．彼はアメリカの大学において，グループワークやコミュニティ・オーガニゼーションはあまり学んでいないと証言をしている．その勉学において，農村社会学の先生が直接の指導教員であったということも話している．

　さらに，彼が学んだ当時のアメリカにおいては，社会事業というよりは，チャリティの雰囲気がまだ残っている時代であったという．そして，リッチモンドの『社会診断』の登場によって，従来の慈善が科学的なものに変わったということは，大きな変化であったという．ただし，そのリッチモンドの本は，竹内の評価によると「いろいろなものの寄せ集めで，いわば社会福祉のための調査方法を記している」というのである[6]．

　しかしながら，その竹内のケースワーク論も，戦前の著書については，リッチモンドの理論を紹介するに終わっている．ただし，方面委員との関係については，アマチュアリズムを精算するべきであるとの見解を明確にあらわしている．それは，竹内がアメリカで学んだケースワーク論において，説教をするのではなくて，クライエントの話を傾聴するという原則を守るとすれば，当然のことであった．また，ケースワークが人格概念を大切にし，個別的な人格を重視することから，竹内が帰国してから進行していった全体主義とケースワークが相容れれないものと認識されて，結局，竹内は戦時下においては，ケースワークに「個別生活指導法」や「教育的個別厚生事業」という訳語をあてていたのであった．これは，竹内によると，戦時下における「かくれみの」であった．

　竹内のケースワーク論は，アメリカの理論を輸入したが，翻訳と紹介に終わっており，その限界を越えることなく，戦後を待つこととなった．

注
1) 三好豊太郎「"ケースウォーク"としての人事相談事業」『社会事業』第8巻第7号，1924年10月，p. 19.
2) 三好豊太郎『社会事業精義』三省堂，1929年，p. 98.
3) 小澤一「組織社会事業とその元則——オーガナイズド・チャリチーとケース・メソドの發達」『社会事業』第9巻第1号，1924年4月，p. 7．
4) 同上.
5) 小澤一「社會事件の取扱方法（ケース・ウォークの理論と實際）」『社会事業』第16巻2号，1932年5月，p. 41.
6) 吉田久一・一番ヶ瀬康子編『昭和社会事業史への証言』ドメス出版，1982年，p. 226.

参考文献
岡本民夫『ケースワーク研究』ミネルヴァ書房，1973年.
田代国次郎『日本社会事業成立史研究』童心社，1964年.
松本武子編著『日本のケースワーク』家政教育社，1978年.
三好豊太郎『草創期における社会事業の研究』明石書店，1989年.
吉田久一『社会福祉と諸科学1——社会福祉理論の歴史』一粒社，1980年.
吉田久一『日本社会福祉理論史』勁草書房，1995年.
吉田久一・一番ヶ瀬康子編『昭和社会事業史への証言』ドメス出版，1982年.

第13章　社会福祉思想史

第1節　明治期の救済思想

1　慈善思想

(1) キリスト教慈善思想——留岡幸助と石井十次
　明治期の日本は，貧困問題が拡大し，下層社会に住む人々の生活が困窮しても，それを解決する公的な救済制度は未整備であった．この状況を補ったのが，民間慈善事業を遂行した篤志家の人達であった．その代表的な人物が，キリスト教の思想を基盤に慈善活動を行った，留岡幸助と石井十次である．
　留岡は，1885年に同志社神学校に入学し，神学校在学中，監獄問題に関心を持った．そして，1891年に空知集治監の教誨師となり，1899（明治32）年に「巣鴨家庭学校」，1914（大正3）年に「北海道家庭学校」を創設し，監獄改良主義，感化教育事業の先駆者となった．
　留岡は，1898（明治31）年に刊行した，『慈善問題』のなかで，社会問題を解決するためには，宗教によって養われる熱い心と，学問から得られる知識が必要であるとした．そして，人が慈善の行為を行うのは，「人に忍びざるの心」（同情心）を持っているためであり，この心を支える思想が，キリスト教の教えであると考えた．
　また，留岡が主張する真実の慈善事業とは，生活困窮者に物や金銭を，「施し」として与えることではなく，生活に対する自立心を教育することであるとした．
　一方，石井は，1882年，岡山県甲種医学校に入学し，医師を志した．そし

て，1884年，岡山キリスト教会から洗礼を受けた．その後，1887（明治20）年，「岡山孤児院」を創設した．

　石井は，孤児院内の児童に対する処遇において，イギリスの「バーナード・ホーム」（Bernard's Home）を模範とし，家族制度と委託制度を導入した．孤児院の経営及び教育の基本原則には，この家族制度と委託制度を含めた，「岡山孤児院12則」（①家族主義，②委託主義，③満腹主義，④実行主義，⑤非体罰主義，⑥宗教主義，⑦密室教育，⑧旅行教育，⑨米洗教育，⑩小学教育，⑪実業教育，⑫托鉢主義）を示し，これを基本に教育実践を行った．

　その後，1910（明治43）年，岡山孤児院男子部は，日向の茶臼原に移転した．石井は，茶臼原の自然のなかで，孤児を農業に従事させて，健康な心や身体を育成しようとした．これは，ルソー（Rousseau, J-J.）の『エミール』や二宮尊徳の伝記である『報徳記』を読み，その思想に影響を受けて，実践された教育であった．

(2) 仏教慈善思想——渡辺海旭

　渡辺海旭は，1899年，浄土宗海外留学生として，ドイツのストラスブルク大学で学んだ．帰国後，教育や慈善事業，社会事業分野で活躍し，1911年に浄土宗労働共済会，翌1912年に仏教徒社会事業研究会を創設した．

　渡辺の仏教慈善思想の根底にある考え方は，「共済主義」である．「共済主義」とは，慈善事業の救済関係において，慈善家は生活困窮者に一方的に援助を与えているのではなく，慈善家と生活困窮者は，相互に力を合わせて，助け合っている関係にあるという考え方である．そして，彼は「共済主義」を支える思想として，「衆生恩」，「報恩」を提示している．「衆生恩」，「報恩」とは，例えば，生活困窮者は貧困状態に陥る前，彼らは社会のために働いてきた．したがって，彼らに施しを行うのは，彼らの社会に対する貢献に報いるために，行っているのだという考え方である．

2　感化救済事業の思想——井上友一と小河滋次郎

　明治の末期から，日本では感化救済事業が展開されるが，この時期に救済思想を提唱した代表的な人物は，井上友一と小河滋次郎である．1893年，井上は，帝国大学法科大学英吉利法律科を卒業した後，内務省の官僚になった．日露戦争後，彼は，内務省が主催する「感化救済事業講習会」の開催や，「中央慈善協会」の設立に貢献した．そして，1909（明治42）年，彼は，『救済制度要義』を刊行した．これは，救済事業理論の古典書と評価され，この著書のなかで，彼は，救済制度に関する考えを記述している．

　井上は，『救済制度要義』の「緒言」で，救済制度について，「夫れ救貧は末にして防貧は本なり防貧は委にして風化は源なり」と述べた．つまり，救済制度には，救貧，防貧，風化（教化）という3つの性質があり，そのうち，風化が最も重要なものであるとした．

　井上が示した救済制度の骨格は，「経恤的救済制度」と「風化的救済制度」である．「経恤的救済制度」は，経済問題の解決を目的とし，生活困窮者が貧困状態に陥った後に救済をする救貧制度と，貧困状態になる前に援助を行う防貧制度で構成されているとした．また，井上は，「風化的救済制度」として，児童救済制度，勤倹勧奨制度，庶民教化制度，庶民娯楽制度，家居整善制度，節酒普及制度を示し，これらの制度が，社会の風紀を正しい方向に導き，このことが国家の繁栄につながると考えた．そして，井上は，社会の公益や国民の各階級の「融和協同」を尊重するとともに，生活困窮者に対する救済の権利性を否定し，地縁・血縁による相互扶助を重要視した．

　一方，小河滋次郎は，1880年に上京して，東京外国語学校に入学した後，東京専門学校に移って法律を学んだ．さらに，東京大学法学部で学び，1886年，内務省の警保局に勤務した．そして，彼は，日本の監獄学，感化教育の体系を確立するうえで，先駆的な役割を果たした．彼によれば，感化教育は，集団教育と家庭による個別教育に分かれるとした．後者の家庭教育が基本であるが，家庭で矯正教育ができない場合に，感化院での教育が必要であると

指摘した.[2]

1908年，小河は，行政職を辞職し，1912（明治45）年，彼の主著の1つである，『社会問題・救恤十訓』を著わした．この著書は，ウェッブ（Webb, S.）が来日した時，彼女が，日本の救済施設は外国のものを模倣しており，そのため，弊害が起きていると批判したことに対し，日本特有の救済事業を示すために執筆されたものであるといわれている.[3]

小河は，『社会問題・救恤十訓』のなかで，生活困窮者に対する救済事業を，国家責任による事業と，個人の人道的な責任で行う慈善事業に分類し，日本では，窮民救済に対する国家の責任を果たしていないこと，生活困窮者の救済は，親族や隣人による相互扶助が重要であることなど，日本の救済事業の特徴を10章の項目に整理した．

第2節　大正から昭和初期までの社会事業思想

1　宗教者が示した思想

(1)　矢吹慶輝と長谷川良信——仏教

1909年，矢吹慶輝は，東京帝国大学哲学科を卒業した後，1913年にアメリカに渡り，社会事業の視察を行った．1915年には，浄土宗の留学生として，イギリス，フランス，ロシアに渡り，社会事業を学んだ．帰国後，1917年に，宗教大学（現・大正大学）の社会事業研究室の主任に着任した．翌1918年に，東京府慈善協会理事，1925年に，東京市社会局長，同年東京府社会事業協会評議員などを歴任した．1923年には，「三輪学院」を設立し，勤労少年の教育に携わった．彼は，浄土宗の仏教社会事業の活動に大きな貢献を果たすとともに，社会事業の行政職として活躍するなど幅広い分野で業績を残した．

矢吹の現代社会事業の根本思想は「報恩」であり，この思想を基本とした「社会共同主義」である．彼は，競争社会のなかで，生活困窮者が生まれてくるという現象に対し，富者が，一定の責任を負わなければならないとして

いるが，社会事業において，それは，富者が，一方的に生活困窮者を救済するという関係ではないとしている．すなわち，社会問題は，社会全体の共同の責任で解決するものであるとしている．したがって，彼は，「報恩」を，「官に対する民の報恩，金持に対する貧乏人の報恩と云ふ様なことではなくして，相関的なものである⁴⁾」と定義した．

一方，長谷川良信は，大正中期に社会事業を体系化するとともに，その思想や定義を著した．彼は，宗教大学を卒業した後，「東京市養育院巣鴨分院」（現・石神井学園）に就職したが，ここでの激務によって肺結核に罹った．1918年に，宗教大学社会事業研究室の理事に就任し，同年，東京巣鴨の通称「二百軒長屋」で，学生とともにセツルメント活動を行った．翌1919（大正8）年，「マハヤナ学園」を創設した後，アメリカとドイツに留学し，社会事業や社会政策を研究した．戦後は，淑徳大学を創設するなど，社会福祉の教育事業に力を注いだ．

以上の経歴で解るとおり，思想家というより実践家であった長谷川の社会事業の考えは，恩師の渡邊海旭と矢吹慶輝から影響を受けた．彼は，主著の１つである『社会事業とは何ぞや』（1919年刊）のなかで，社会事業を，「社会の進歩人類の福祉の為めに社会的疾病を治療し社会の精神的関係及経済的関係を調節する機能[5]」と定義した．そして，社会事業は，社会改良主義を基盤とし，政治的，経済的，教育的，宗教的側面から，社会問題を解決する事業であるとした．また，彼は，社会事業の精神を，強者が弱者のために援助をするのではなく，社会の人達がともに助け合うという意味で，「衆生報恩」，「共済互恵」に求めた．

(2) 賀川豊彦——キリスト教

1911年，賀川豊彦は，神戸神学校を卒業した後，キリスト教の伝道に取り組むとともに，とスラム街に住む労働者に救済活動を行った．キリスト教社会事業を推進した賀川は，社会政策と対比させながら，社会事業の意味を捉えた．つまり，彼は，社会政策を，「暴力や革命的手段でなしに，人間相互

の協力によつて社会を改良し，また改造してゆかうといふ方法」と捉えた．6)
それに対し，社会事業は，「人間相互の扶け合ひによつて，個人或ひは社会の悪い処をよくしてゆかうといふ働きである」とした．7) そして，彼は，「天災」，「人間的不幸」，「経済的無産化」によって表面化した，個人や社会全体の貧困問題を解決することが，社会事業の本質であると考えた．この社会事業を展開するうえで，彼は，協同組合を設立することが必要であると主張した．8)

賀川は，神戸の貧民街でセツルメント運動を行うと同時に，「友愛会関西労働同盟会」の責任者となり，労働組合の活動に参加した．彼は，社会事業実践をとおして，労働組合に「互助」の精神が欠けていると認識したため，キリスト教の思想に基づいた社会連帯の考えを基盤に，セツルメント活動と協同組合運動を結びつけようとした．9) この活動によって，生活に困っている人達を救済するとともに，貧困者の増加に伴って混乱している社会を，改善しようと考えた．

2　田子一民と生江孝之の思想

大正時代に社会事業行政の組織化が進み，1920年，内務省社会局が設置された．田子一民は，内務省社会局の課長に就任し，行政官僚という立場から，社会事業の思想を明らかにした．内務省を辞めた後，彼は，政治家となり，戦後は，吉田茂内閣で農林大臣に就任した．全国社会福祉協議会の会長も務め，戦後社会福祉の形成期に重要な役割を果たした．

田子は，内務省社会局に勤めていた時代の1922（大正11）年に，主著『社会事業』を刊行した．この著書のなかで彼は，社会事業を，現代及び将来の社会生活において，人々に幸福を与え，不幸を取り除くための社会的な継続的努力の総称と捉えている．10) そして，彼は，具体的に社会事業を，出生自由（幸福）事業，成育自由（幸福）事業，職業自由（幸福）事業，生活自由（幸福）事業，精神自由（幸福）事業の5つに分類し，この5事業が実現されたとき，社会は幸福になると考えた．11) また，田子は，行政や資本家階級に圧力

をかけるような社会運動を否定し，社会連帯を社会事業の根本的な思想として尊重した．

一方，生江孝之は，社会事業の分野で幅広い活躍をし，「日本の社会事業の父」と呼ばれた．1899年，青山学院大学神学部を卒業した後，アメリカやヨーロッパに渡り，社会事業を学んだ．アメリカでは，アメリカ社会事業の成立時の指導者である，ディバイン（Devine, E.T.）に指導を受けた．帰国後，1909年，内務省社会局の嘱託に就任した．そして，内務省社会局を辞めた，1923（大正12）年に，主著『社会事業綱要』を著わした．その後，日本女子大学の教授となり，社会事業教育に携わった．

生江は，『社会事業綱要』のなかで，貧困を知識貧，健康貧，道徳貧，経済貧に分類した．さらに，彼は，経済貧を自然貧，個人貧，社会貧に分け，社会貧が社会の変遷とともに，社会に生み出されるようになったため，社会事業による対策が必要になったと考えた．

そして，生江は，社会事業を次のように定義した．「『社会事業とは社会組織より発生し来る社会病を未然に防ぎ，又其の既に発生したる場合，之が治療に従事するの事業を云ふ』と，又は『社会事業とは社会連帯責任の観念を以て社会的弱者を保護向上せしめ，又は之を未発に防止するの事業を称す』」[12]

生江は，社会事業の根本思想を，田子と同様，社会連帯に求めた．彼は，社会制度の欠陥により，貧困問題が発生したのならば，社会がその解決のために，責任があるとした．したがって，彼は，社会を構成する責任ある個人が，相互に助け合う社会連帯の観念が，貧困問題の解決に必要であると指摘した．

3　海野幸徳の思想

海野幸徳は，東京若松専門学校政治経済科を卒業後，優生学などを研究した．1921年，「海野社会事業研究所」を設立し，社会事業理論の構築に努めた．戦後は，龍谷大学の教授に就任し，社会福祉の教育を行った．海野の社会事業理論は，1930（昭和5）年に出版された，『社会事業学原理』のなか

で完成したといわれている.[13]

　海野は,『社会事業学原理』のなかで, 個人の困窮問題を解決するというより, 社会全体に表面化した貧困問題を改善することが, 社会事業の本質であるとした. そして, 彼は, 社会事業を,「文化的基準に則り, 集団の困窮を軽減除去し, 生存の合理的方案を目標として福祉を獲得増進し, 綜合的方案によつて困窮と福祉とを綜合し, よつて以て究極対象たる人間生活の完成を企図することを目的とするもの」[14]と定義した. つまり, 彼は, 社会事業の目的を,「人間生活の完成」という社会の理想的状態を築くことであるとし, 社会事業の全体像を観念的に捉えた.

第3節　厚生事業期の救済思想——厚生事業論

1　山口　正の思想

　山口正は, 中学校の教師を経て, 大阪市の行政機関に勤めた. 行政機関に在職しているときから, 社会事業を研究し, 独自の社会事業論を構築した. 戦時中は, 厚生事業論を提唱した.

　1939 (昭和14) 年, 山口は,「厚生事業の構造および体系」(津守陸太郎編『社会事業研究』第27巻第9号, 大阪府社会事業連盟, 1939年) という論文を執筆し, この論文のなかで, 彼は, 社会事業と関連させながら, 厚生事業について記述した. 彼によれば, 社会事業の概念を止揚したものが, 国民厚生事業の概念であり, 国民厚生事業は, 社会事業の上位概念に位置づけられるとした. そして, 厚生事業を,「国家的見地において, 国民の生の充実と発展を志向して, 精神上, 身体上, 職業上, 経済上および政治上等の諸手段により, 生活上の保護および指導をなす公私の施設である」[15]とした.

2　竹中勝男の思想

　竹中勝男は, 戦前において, 社会事業論や厚生事業論の体系化を, 戦後は,

社会福祉の理論の体系化を試みた人物である．彼は，同志社大学を卒業した後，アメリカ留学を経験した．帰国後，同志社大学の教員となり，社会事業の教育を行った．彼は，キリスト教思想に立脚した，社会事業論を築いた．1953（昭和28）年，大学を辞職し，参議院議員となり，政治活動を行った．

戦時中，竹中は，厚生事業論を展開したが，その基本的考えを示した論文が，「社会事業に於ける『厚生』の原理——国民厚生事業序説」（竹中勝男編『厚生学年報』同志社大学文化学科，1942年）である．彼は，この論文のなかで，厚生事業と社会事業の相違点の1つは，対象の要救護性にあるとした．つまり，社会事業は，「貧困者」という特定の社会層を対象としているが，厚生事業は，国民生活一般あるいは庶民生活一般に現れる，生活的，肉体的な問題を対象としていると考えた．そして，厚生事業における援助の活動は，「国民経済，国民保健との機構的有機的関連に於て国民共同体の重要部分であるところの庶民生活の保護を基底とする活動である[16]」と捉えた．

注
1) 井上友一『戦前期社会事業基本文献集⑲　救済制度要義』日本図書センター，1995年，p.2.
2) 吉田久一『社会福祉と諸科学1　社会事業理論の歴史』一粒社，1974年，p.133.
3) 吉田久一『日本社会福祉理論史』勁草書房，1995年，pp.74-75.
4) 矢吹慶輝「近代社会事業の根本精神」1920年，吉田久一編『社会福祉古典叢書6　渡辺海旭・矢吹慶輝・小沢一・高田慎吾集』鳳書院，1982年，p.149.
5) 長谷川冬民『戦前期社会事業基本文献集㉕　社会事業とは何ぞや』日本図書センター，1996年，p.3.
6) 賀川豊彦『農村社会事業』1933年，賀川豊彦全集刊行会編『賀川豊彦全集』第12巻，キリスト教新聞社，1963年，p.4.
7) 賀川豊彦『農村社会事業』1933年，賀川豊彦全集刊行会編『賀川豊彦全集』第12巻，キリスト教新聞社，1963年，p.4.
8) 賀川豊彦『農村社会事業』1933年，賀川豊彦全集刊行会編『賀川豊彦全集』第12巻，キリスト教新聞社，1963年，p.4.
9) 吉田久一『社会福祉と日本の宗教思想——仏教・儒教・キリスト教の福祉思想』勁草書房，2003年，p.283.

10) 田子一民『戦前期社会事業基本文献集㉖　社会事業』日本図書センター，1996年，pp. 21-22.
11) 田子一民『戦前期社会事業基本文献集㉖　社会事業』日本図書センター，1996年，p. 23.
12) 生江孝之『戦前期社会事業基本文献集㉘　社会事業綱要』日本図書センター，1996年，p. 8.
13) 吉田久一『日本社会福祉理論史』勁草書房，1995年，p. 110.
14) 海野幸徳『社会事業学原理』内外出版印刷，1930年，p. 97.
15) 山口正「厚生事業の構造および体系」津守陸太郎編『社会事業研究』第27巻第9号，大阪社会事業連盟，1939年，p. 2.
16) 竹中勝男「社会事業に於ける厚生の原理——国民厚生事業序説」竹中勝男編『厚生学年報』同志社大学文化学科，1942年，p. 38.

参考文献

井上友一『戦前期社会事業基本文献集⑲　救済制度要義』日本図書センター，1995年．
右田紀久恵ほか編『社会福祉の歴史［新版］』有斐閣，2001年．
金子光一『社会福祉のあゆみ　社会福祉思想の軌跡』有斐閣，2005年．
柴田善守『石井十次の生涯と思想』春秋社，1978年．
社会福祉辞典編集委員会編『社会福祉辞典』大月書店，2002年．
留岡幸助『戦前期社会事業基本文献集⑯　慈善問題』日本図書センター，1995年．
仲村優一ほか編『現代社会福祉事典』全国社会福祉協議会，1988年．
濱野一郎ほか編『社会福祉の原理と思想』岩崎学術出版社，1999年．
吉田久一編『社会福祉古典叢書6　渡辺海旭・矢吹慶輝・小沢一・高田慎吾集』鳳書院，1982年．
吉田久一・岡田英己子『社会福祉思想史入門』勁草書房，2000年．
吉田久一『社会福祉と日本の宗教思想——仏教・儒教・キリスト教の福祉思想』勁草書房，2003年．
吉田久一『日本社会福祉理論史』勁草書房，1995年．

第14章　近代以前の系譜

第1節　近代以前の系譜の位置づけ

　現在，我々が一般的に使用している「社会福祉」はwelfareの訳語であり，厳密には「日本国憲法25条に規定される最低限度の生活の保障として行なわれる事後的，補完的，代替的な概念を意味する[1]」，極めて近現代に限定した用語であると捉えることができる．しかし一方，いわゆる「福祉」と呼ばれるものの本質が「良く生きる（＝well being）」ことであるならば，具体的には，より広い意味で我々1人1人の「生活」を支えるさまざまな社会的な仕組みから，個人的な信仰の発露による他者救済の実践行為等までを幅広く指し示しているといえよう．そして，この視点にたって我が国の歴史を鳥瞰したとき，我々の祖先が「生活」を基盤とした共同体社会から「国家」を形成し，それぞれの時代の中で，富める人や貧しい人や大人や子どもやお年寄りや障害を持った人達が，喜怒哀楽の暮らしの中でさまざまな文化を育み出した古の時代の中にも，近現代の「社会福祉」に連なる数多くの制度や個々人の諸活動を見出すことができるのである．

　以下，このような上述の視点に基づいて，近代以前の我が国の社会福祉史の系譜を語る上で欠かすことのできない「制度」と「思想」の2つの流れについて，その概略を述べておきたい．

第2節　公的救済制度の系譜

1　古代律令国家における公的救済制度としての「賑給」

　3世紀から4世紀前半のころ，日本列島のうち九州北部から中部地方までの地域を統一した大和政権は，中国の唐にならい，646（文化2）年の「大化の改新」や701（大宝元）年の「大宝律令」等によって，税制や法制を整えた中央集権体制を形成し，「国家」としての形を整えていった．しかし，それは同時に明確な身分社会の誕生を意味しており，「天皇」及びそれを取り巻く支配階級である「貴族」と，この社会の根底を支えるがゆえに慢性的な貧困生活に喘ぐ庶民層を生み出すこととなった．

　これら庶民の貧困生活に対する当時の代表的な公的救済制度として，「賑給」をあげることができる．「賑給」とは，自立した生活が困難な者に対して，食料や衣類といった生活必需品を支給するものであり，天皇即位や立太子といった祝い事や皇族の疾病等の平癒といった国家的慶事・大事，あるいは旱魃，風水害，飢饉等の天変地異や疫病の流行等を契機として，その都度実施されている．ただし，これら「賑給」実施の実際は，一定の基準に基づく生活困窮者救済というよりは，統治者である天皇が行なう慈恵の色合いが濃く，また当時の具体的な救済対象は，「鰥（61歳以上で妻の無い者），寡（50歳以上で夫の無い者），孤（16歳以下で父の無い者），独（61歳以上で子の無い者），貧窮（財貨に乏しい経済的困窮者），老（66歳以上の者），疾（病や疾病に伏せっている者），自存不能者（自分の力だけでは生活できない者）」で，地縁・血縁といった地域共同体からも外れてしまった者に限るという，非常に限定された範囲での対象であり，決して十分な制度といえるものではなかった．

2　中世封建社会における村落共同体の相互扶助組織である「惣」

　長期にわたる大和朝廷による政権の維持は，結果として権力の腐敗と制度

疲労を招き，次第にその統治能力は衰えを見せていくこととなる．そして，貴族階級に代わって台頭してきた武家の棟梁である源氏と平家の政争の中で朝廷の権威は相対的に失墜し，1192（健久3）年，源頼朝の征夷大将軍任命による鎌倉幕府の開府を境に，時代は鎌倉，室町，安土・桃山という武家政権が続く中世へと移り変わっていくのである．

ただ，実際の社会と庶民の生活は，封建領主による私的な土地所有と管理支配，他領地との争いといった常に不安定な状況であり，全国的な公的救済制度が効果をあげることは少なかった．

一方，このような不安定な統治機構に対して，農村社会においては村落共同体に基づく相互扶助組織である「惣」を結成し，自治的に農村経済を維持し，互いに扶助を行う例も見られるようなった．

この，共同体に基づく相互扶助関係は江戸時代にも引き継がれ，例えば当時の農村では「結」，漁村では「催合」と呼ばれる共同労働組織によってお互いの生活を支えあい，また「講」や「無尽」といった，金融面も含めた相互扶助組織も各共同体に誕生している．

3　近世幕藩体制下における諸施策

1603（慶長8）年，先の関が原の戦いに勝利した徳川家康が征夷大将軍に任ぜられたことにより江戸幕府は開かれ，徳川政権と諸藩の二重支配体制という幕藩封建社会が形成されることとなる．

260余年という長きにわたる徳川政権のもとでは，救済施策の一環として複数の施設が立てられている．代表的なものとしては，飢饉や災害，あるいは，たびたび江戸の町でおこった大火災等の際の，避難所兼一時保護所的な役割として複数作られた「救小屋」，1722（享保7）年，目安箱に投書された町医の小川笙船（1672～1760）の建議を受けて，救療施設として設置された「小石川療養所」，1790（寛政2）年，軽犯罪人や無宿人の職業訓練を兼ねた更生施設として，火付盗賊改役長谷川平蔵（1745～1795）の献言を入れて石川島に設立した「人足寄場」等をあげることができる．

なお，これらの施設の機能は明治維新後も引き継がれており，その観点から見れば，これらの救済策は「施設史」の前史として位置づけることもできるであろう．

第3節　慈善活動の系譜

1　仏教思想に基づく慈善活動

（日本書紀によれば）552（欽明13）年，百済の聖明王の使いで訪れた使者が欽明天皇に金銅の釈迦如来像や経典，仏具などを献上したことを契機として伝えられたとされる仏教は，その後の我が国の慈善・救済実践を支える重要な精神的基盤となっていった．

その先駆者の1人としてまずあげられるのは，聖徳太子（574～622）である．聖徳太子は当時の優れた行政指導者であると同時に，深く仏教に帰依し，591（推古元）年に建立されたとされる四天王寺で，現在の社会福祉関連施設の原型とも呼べるべき，「四箇院」（①貧困者や孤児などを収容した悲田院，②貧窮病者に対する薬の施し所となった施薬院，③男女を問わず貧困病者の寄宿療養を担った療病院，④悪事を犯してしまった人の，（仏教的教化の要素も含めた）修養の場としての敬田院）の事業を始めたとされている．

また，一介の私度僧（処罰の対象となる政府非公認の僧侶）として市井の庶民に対する布教活動を続けた行基（668～749）は，同時に日本社会事業史の先駆として著名である．行基は各地域で貧困生活に苦しむ庶民に目を向け，必要に応じて，架橋，道路整備，灌漑整備，舟息（船着場），布施屋（無料宿泊所）等の具体的な事業に積極的に関わることで，庶民の「生活」を支える大きな役割を果たしていたのである．

聖徳太子や行基を嚆矢とする仏教思想に基づく慈善活動は，その後も，東大寺復興の立役者としても知られる俊乗坊重源（1121～1206）の湯屋（浴場）の設置活動や，叡尊（1201～1290），忍性（1217～1303）が行なった非人や癩

（ハンセン病）患者に対する救済活動といったように，数多くの仏教者によって担われていった．

そして，その仏教福祉の精神は，恒常的な戦乱と飢饉という社会不安から庶民の精神の救済を模索し，新たな日本仏教を形作った鎌倉新仏教の宗祖（法然（1133～1212），親鸞（1173～1262），道元（1200～1253），日蓮（1222～1282），一遍（1239～1288））らにも受け継がれ，その系譜は，近代の民間社会事業の担い手に多数の仏教者を輩出し，現代の社会福祉事業実践においても連綿と継承されていることは，第2，4，10，12章においても触れられている通りである．

2　キリスト教に基づく慈善活動

日本における，キリスト教に基づく慈善活動の系譜は，「イエズス会」（耶蘇会）のフランシスコ・ザヴィエル（1491～1556）によって，1549（天文18）年より開始された布教伝道とともに行なわれ始めたと考えることができる．代表的なものとしては，貧困不遇児の教育のために豊後府内に設立した育児院（1555（弘治元）年）や，総合病院を設立（1555（弘治元）年）した，ポルトガル人のルイス・デ・アルメイダ（1525～1583）の活動等をあげることができる．

ただ，「当時は，仏教慈善事業が衰微していた時であり，キリシタンによる慈善活動は世間から注目されていた」[2]ものの，その後，徳川幕府による「鎖国政策」によって，その系譜は歴史の表舞台から途絶えてしまう．キリスト教による慈善活動の活性化には，「近代の声」を聞くまで，今しばらくの歴史の流れが必要であった．

3　儒教思想による慈善・救済

吉田久一は「明治以後近代125年の社会事業思想を取り上げる際に，重くのしかかってくるのは，近世260数年の儒教的慈恵・救済思想である．（中略）近世儒教の慈恵・救済思想を除いては，日本社会事業→社会福祉を語る

ことはできない」と述べているが，特に近代以前の慈善・救済事業と近代以降の社会事業の関係を考えていく上で，近世の日本社会で培われた儒教思想ははずしてはならないものである．

　江戸時代における儒教思想は，政治理念の基本であり，文化知識人の教養であり，庶民生活における道徳の規範であった．ゆえに，例えば先に述べたような徳川幕府の公的な救済施策も儒教思想に基づいた「徳治主義」を実践した結果であるといえるし，個々人においても，医業を生業としつつ，地域社会の中で「慈悲無尽」という救済制度を発案した三浦梅園（1723～1789），大阪天満町の与力という役人の立場でありながら，一般庶民の窮乏を見かね，一命を賭して挙兵した大塩平八郎（1793～1837），「勤労―分度―推譲」の実践論理をもって，農村復興に尽力した二宮尊徳（1787～1856），等といった，同時代にあって社会事業史上に名を残す人物達の行動の根底には，儒教における「仁」の精神や他者に対する「惻隠の情」（思いやりの心）が含まれていると考えられるのである．

　ただ，以上のように近代日本の精神的基盤となった儒教思想は，一方で「明治以降太平洋戦争までの，日本国家主義による儒教的仁政思想の利用による御用化」を招き，戦後においてはその正当な評価を得られないまま現在に至っているように思う．

　近代以前と以降の思想的系譜を明確にしていく意味でも，社会福祉思想史における儒教思想の位置づけは，今後の重要な課題の１つであると考えている．

注

1）　詳しくは，秋元美世ほか編集『現代社会福祉辞典』有斐閣，2003年，p. 27の「ウェルフェア」の事項を参照．
2）　遠藤興一『資料でつづる社会福祉のあゆみ』不昧堂出版，1991年，p. 31.
3）　吉田久一『日本の社会福祉思想』勁草書房，1994年，p. 59.
4）　前掲書，p. 60.

参考文献

秋元美世ほか編『現代社会福祉辞典』有斐閣，2003年．
足立叡編『新・社会福祉原論』みらい，2005年．
遠藤興一『資料でつづる社会福祉のあゆみ』不昧堂出版，1991年．
野本三吉『社会福祉事業の歴史』明石書店，1998年．
長谷川匡俊・吉田久一編著『日本仏教福祉思想史』法蔵館，2001年．
吉田久一『日本の社会福祉思想』勁草書房，1994年．
吉田久一『新・日本社会事業の歴史』勁草書房，2004年．

第15章 年　表

年	社会動向	福祉に関する法制度等	福　祉　実　践
1868 (明治元)	3/14 五箇条の御誓文発布	3月 政府辻に高札を建て，その項目中に，鰥寡孤独癈疾の者を憫むべき事を記載，12/24 産婆の堕胎を禁止	
1869 (明治2)	2/5 小学校設置を奨励，6/17 版籍奉還	7/27 府県奉職規制で無告の窮民に対する救助や速やかに行うべきことを規定	
1870 (明治3)		10月 民部省大丞按察使の渡辺清は宮城・岩手の4藩に育児法を制定させる	11月 近江に報恩社設立
1871 (明治4)	4/4 戸籍法制定，7/14 廃藩置県の詔勅発布	8/28 「穢多・非人」の称廃止	
1872 (明治5)	3/8 初の全国戸籍調査実施，8/3 学制発布（義務教育制度開始）		6月 M.ラクロー横浜に修道女及び仁慈堂を設立（後に菫女学校と改称）
1873 (明治6)	6/1 徴兵令布告	9/25 東京府が棄児養育令布達，10月 千葉県が育児規則を公布	7月 H.ラニング大阪市西区に米国伝道会社施療院を設立（後に陽風園と改組）
1874 (明治7)		12/8 恤救規則布達	
1875 (明治8)		1/8 天然痘予防規則を定める，4/29 恤救米棄児養育米等支給方が定まり石代下渡しとなる，7/3 内務省は窮民恤救申請調査箇条を達す	5/22 古川正雄ら楽善会を設立，8/15 東京京橋のサン・モール修道会に築地孤児院を併設，10月 東京営繕会議所附属養育院に癲狂者を収容，この年大野唯四郎が大阪愛社を設立

第15章　年　表

年	社会動向	福祉に関する法制度等	福　祉　実　践
1876 (明治9)		12月 訓盲院に対し助成のため3,000円下賜（最初の社会事業施設への下賜金）	3/15 東京に楽善会訓盲院の設立認可，11/14 東京女子師範学校内に最初の近代的幼稚園開設
1877 (明治10)	この年，コレラ流行のため，東京神田に下水道設置		5/3 佐野常民ら東京に博愛社設立（後に日本赤十字社と改称），5/25 東京養育院が府直営になる，7月 幼きイエズス修道会が神戸女子教育院を設立
1878 (明治11)	8月 戸籍表発表（戸数729万3,110人口3,433万8,400人'76.1.1調査）		5/24 京都に盲啞院開院，5/28 函館に日本聖保会設立，12月 東京に加藤瘋癲病院設立
1879 (明治12)	9/26 教育令制定（学制廃止），この年，関東・東海・北陸でコレラ流行		7/25 東京府病院附属癲狂院設立，8/15 東京本所に常設のコレラ避病院を設立，9月 本所カトリック教会が本所孤独学校を設立，同月 幼きイエズス修道会が大阪養育院を設立
1880 (明治13)	7/17 刑法・治罪法を布告		1月 楽善会が訓盲院を開設，8月 A.ブレルが鯉之浦養育院を設立，10/17 J.F.マルマンが奥浦慈恵院を設立
1881 (明治14)	3/11 憲兵条例制定	3月 監獄側において教誨師の名称を初めて公式に使用	1/15 幼きイエズス修道会がセンタンファンスを設立，1月 東京の本所教会内に敬愛小学校設立，7/8 明治生命保険会社設立（最初の生命保険会社）
1882 (明治15)			1月 東京赤坂区慈善会設立（貧困者に施療券発行）
1883 (明治16)	物価下落（松方デフレ）		10月 原胤昭が自宅に東京出獄人保護所を開設，12月 高知育児会設立
1884 (明治17)	9/23 加波山事件，10/30 秩父困民党事件		5月 目賀田栄らが兵神同道協会を結成，6/27 池上雪江が大阪市の神明祈禱所に不良児を収容保護
1885 (明治18)	この年伝染病流行（赤痢・コレラ等）		11月 訓盲啞院（東京）を文部省所轄とする
1886 (明治19)	4/10 師範学校令・小学校令・中学校令制定，6/5 国際赤十字条約に加入，この年コレラが全国に拡大	7/19 文部省は訓盲啞院規則を制定，7/20 地方官官制公布（府県に衛生課・監獄課を設置）	10月 森井清八ら愛知育児院を設立，同月 東京神田のハリストス復活大聖堂内で窮民救助を開始，12/6 基督教婦人矯風会（矢嶋楫子）創立

第15章 年表

年	社会動向	福祉に関する法制度等	福祉実践
1887 (明治20)			5月 G.テストウィドが静岡県御殿場に救癩施設を設立, 6月 京都共立恵愛病院設立, 9/22 石井十次が岡山孤児院設立
1888 (明治21)	6月 高島炭鉱夫虐待事件が社会問題化, 7/15 磐梯山大噴火		2/9 緒方惟準ら貧民病院設立の願書を提出, 3/7 宇川盛三郎ら大日本監獄協会結成, 3月 金原明善ら静岡県出獄人保護会社を設立, 9月 大阪婦人慈善会結成, 11月 新潟県高田で訓盲談話会発足
1889 (明治22)	1/22 改正徴兵令交付, 2/11 大日本帝国憲法発布, 10/13 富山で米騒動勃発		1月 大分県出獄人保護会社設立, 9月 M.ドレバールが横浜に盲人福音会を設立, 同月 石川倉次が翻案の「日本点字」選定
1890 (明治23)	5月 米価高騰のため都市で窮民増加, 11/25 第1回帝国議会開催		1/1 東京養育院が東京市養育院と改組, 1月 小橋勝之助が博愛社を設立, 4月 H.リデルが癩病施療臨時施設を設立, 6月 赤澤鍾美が新潟市に静修学校を設立
1891 (明治24)	10/28 濃尾大地震(死者7,273人)		2月 本郷定次郎が暁星園を設立, 11月 日本基督教婦人矯風会が濃尾大地震被災地へ医師・看護婦を派遣, 12/1 石井亮一弧女学院設立(1906 滝野川学園と改称), 12月 東京麻布に聖ヒルダ孤女院設立
1892 (明治25)			1月 J.C.ロビンソンが愛知県に幼老院を設立, 同月 大阪癲狂院設立, 6/30 宮内大作が上毛孤児院を設立, 11/30 伝染病研究所設立, 11月 日本労働協会(大井憲太郎)結成
1893 (明治26)	1/4 夕張炭鉱夫暴動, 2/10 軍備拡張・製艦費補助の詔書	この年万国感化救済博愛会議がシカゴで開催される	1月 カナダ外国婦人伝道会社 金沢市に川上授産館開設, 4/3 日本基督教婦人矯風会発足, 5月 カトリック函館司教区が孤児院を設立, 11月 大阪慈恵育女院設立
1894 (明治27)	1/12 文部省が夜学・日曜学校勧奨を訓令, この年日清戦争勃発		3/9 岐阜聖公会訓盲院設立, 8月 大阪に慈善新報社設立, この年大日本紡績が東京の工場内に保育所を設置(最初の工場附設保育施設)

第15章　年表

年	社会動向	福祉に関する法制度等	福祉実践
1895 (明治28)	4/17 日清講和条約（下関条約）調印（日清戦争終結），この年コレラ流行	6/13 東京市は幼童縁組雇預並養育料保管手続を訓令（里親制度を始める），（以後17県で同様の規則を制定）	4月 M.ドレパールが私立函館訓盲会を設立，5/20 五十嵐喜廣が飛騨育児院を設立，9/22 日本救世軍創立，10/1 E.ソートンが聖ヒルダ養老院を設立，10月 P.M.ボルジアらが熊本市で医師を雇い貧困者の施療にあたらせる
1896 (明治29)	6/15 三陸大津波（死者2万7,122人）		1月 大日本貧民救助慈善会設立，6月 J.M.コールが熊本県飽託郡で救癩事業を開始，佐竹音次郎が小児保育院設立
1897 (明治30)	3/29 貨幣法公布（金本位制成立）	1/31 英照皇太后の大喪に際して内帑金40万円を下賜（各都道府県に慈恵救済基金を逐次設立）	3/1 片山潜が東京神田にキングスレー館を設立，4/3 樽井藤吉らが社会問題研究会結成，7/4 高野房太郎らが労働組合期成会結成，9/30 山岡作蔵が三重感化院設立，10/25 東京市養育院に感化部を設置
1898 (明治31)	2/2 日本鉄道の機関士のストライキ起る		2月 渋木重庵が私立福島訓盲学校を設立，4/27 片山潜・横山源之助ら貧民研究会発足，この頃全国的に出獄人保護会や訓盲院・訓盲学校の開設が目立つ
1899 (明治32)		3/22 罹災救助基金法公布，3/28 水難救護法公布	1/1 寺島ノブへが神戸友愛養老院を設立，2月 丹羽憲顕が京華養育院設立，4月 松本幼稚園付属松本子守教育所設立，11月 留岡幸助が家庭学校設立
1900 (明治33)	4/24 東京株式市場大暴落（金融恐慌起る）	3/9 感化法公布，3/10 精神病者監護法公布，3/10 治安警察法公布	1/10 野口幽香・森島峰が二葉幼稚園を設立，9/13 五大五兵衛が私立大阪盲啞院を設立，この年R.B.トイスラーが東京に施療所を設立（後に聖路加国際病院と改称）
1901 (明治34)	12/10 田中正造が足尾鉱毒問題で天皇に直訴	12/3 日本赤十字社条令公布	4/15 平岩幸吉が栃木養老院を設立，4月 能教海が三重養育院設立，5月 福島県郡山第二尋常高等小学校に子守教場設立，10月 留岡幸助が家庭学校内に慈善事業師範部を開設
1902 (明治35)	1/ 日英同盟締結，6/6 東京株式市場部落，この年小学校就学率90％を越える（通学率68.4％），東		2月 聖路加病院が看護婦養成開始，同月 名古屋基督教青年会職業紹介所設立，4月 神奈川県が県立薫育院設立，5月 斎田重蔵が盲人医学協会結成，同月 神戸自助学院設立，6月 東

第15章 年表　　153

年	社会動向	福祉に関する法制度等	福 祉 実 践
	北地方凶作		京女囚携帯児の保育会設立, 10月 呉秀三が精神病者慈善救治会設立, 12/1 岩田民次郎が大阪養老院を設立, 12月 富士川游ら日本児童研究会設立
1903 (明治36)		10月 宮城県が凶作窮民救助義捐金配布規定を制定	2/14 宮内文作が上毛慈恵会養老院を設立, 2月 南雲総次郎が鹿児島慈恵盲啞学校を設立, 5/11 全国慈善団体同盟大会を開催, 10/23 平民社結成
1904 (明治37)	2/10 日露戦争勃発, 6/20 満州軍総司令部設置	4/4 下士兵卒家族救助令公布	3/4 佐世保出征軍人幼児保育所設立, 6月 神戸婦人奉公会が出征軍人児童保管所を設立, 同月, 清水実道が呉孤児院を設立, 8/4 大阪慈善同盟会が慈善事業夏期講習会を開催
1905 (明治38)	9/5 ポーツマス条約調印（日露戦争終結）, この年東北地方凶作	3/1 北海道羅災救助基金公布	3月 金子徳十郎が長岡盲啞学校を設立, 5月 明峰栄泉が自敬子守学校を設立, 9月 群馬県の上野教育会が失明した出征軍人のために訓盲所を設立
1906 (明治39)	11/26 南満州鉄道会社設立	3月 東北地方大飢饉のため窮民の救済事業を実施, 9月 奈良県は特殊部落改善委員規定を制定	1月 東北三県救済会設立, 同月 富津田恵海が岩国孤児院を設立, 同月 上原駒治郎ら札幌孤児院を設立, 6/1 有馬四郎助が幼年保護会を設立, 9月 日本基督教幼稚園連盟結成, 11月 福島県教育会が磐城訓盲院を設立
1907 (明治40)	1/20 東京株式相場暴落（戦後恐慌）, 2/4 足尾銅山で暴動, 3/2 夕張炭鉱スト, 6/4 別子銅山暴動, 8/24 関東中心に大暴風雨, 8/25 函館市大火	3/19 法律第11号（癩予防に関スル件）公布, 7/22 内務省は道府県立癩療養所設置区域を制定, この年労働会議が頻発, 内務省が部落改善政策に着手	2月 原天随が済美夜学校を設立, 4月 大阪市立盲啞学校開設, 5/11 第1回日本盲啞学校教員大会開催, 5月 日本基督教婦人矯風会が大阪婦人ホームを設立, 8/3 中央報徳会第1回夏期講習会開催, 8月 下関博愛婦人会が下関博愛盲啞学校を設立, 同月 大野三五郎が千葉に木更津訓盲院を設立, 12月 森正隆が茨城盲啞学校を設立, 同月 北陸訓盲院設立
1908 (明治41)	8/27 別子銅山煙害問題で農民騒動, 10/13 戊申詔書, この年小作争議拡がる	3/28 監獄法公布, 3/31 沖縄県は羅災救助基本法を公布, 4/7 感化法改正, 9月 内務省が第1回感化救済事業講習会を開催	2月 埼玉和協会が埼玉訓盲学校を設立, 3月 鯨岡寅吉が郡山訓盲学校を設立, 4月 彦根訓盲院・香川県盲啞学校・徳島県師範学校付属小学校盲啞部設立, 7月 福島県に喜多方訓盲学舎設立, 10/7 中央慈善協会結成, 10月 監獄協会が第1回免囚保護事業講

年	社会動向	福祉に関する法制度等	福祉実践
			習会を開催，12月 群馬慈善協会結成
1909 (明治42)	7/31 大阪の大火，徴兵検査のトラホーム罹患率23%に達し問題化	2/11 内務省より全国の優良救済事業に奨励金下付，3/31 沖縄県羅災救助基金法公布，4/14 種痘法公布	4月 第三区府県立外島保養院設立（救癩事業），同月 第二区北部保養院設立（救癩事業），7/3 脇田良吉が京都府教育会の付帯事業として白川学園設立，7月 山岡熊治が東京に日本盲人協会を設立，9/28 東京全生病院設立（救癩事業）
1910 (明治43)	8月 東海・関東・東北地方で大洪水（死者・行方不明1,666人）	この年内務省地方局は『感化救済小鑑』を発行	4月 神奈川に中郡盲人学校設立，同月 栃木に下野保護会設立，同月 全国盲人大会開催，6月 栃木に西原小学校特別学級設立，7月 東京市特殊小学校後援会設立
1911 (明治44)	この年義務教育の就学率98%，通学率90%に達する	2/11 施薬救療に関する勅語発布，3/29 工場法公布	2月 東京に白十字会設立，同月 東京に小石川職工労働慰安会設立（後の日本労働慰安会），3/22 京都慈善連合会設立，4月 門司市特別学級設立，5/30（恩）済生会設立
1912 (明治45) (大正元)	7/30 明治天皇死去，大正と改元		5月 仏教徒社会事業研究会発足，6月 青木庄蔵ら大阪職業紹介所開設，11月 大阪保育院設立
1913 (大正2)			2/11 日本結核予防協会設立，5/3 小河滋次郎ら救済事業研究会結成，6月 日本女子大同窓会が桜楓会託児所設立
1914 (大正3)	7/28 第1次世界大戦勃発，8/23 ドイツに宣戦布告	3/31 肺結核診療所の設置及び国庫補助に関する法律の公布	4/2 三井家の援助で財団法人輔成会結成（免囚保護），6/13 第1回仏教徒社会事業大会開催，8/24 留岡幸助が北海道に家庭学校分校設立，12月 大阪に北野職業紹介所開設
1915 (大正4)		6/30 内務省令で看護婦規程制定（看護婦の資格公認）	7月 救世軍下谷愛隣館，本所愛隣館設立，9月 大阪市内浄土宗寺院が四恩報答会設立（後の四恩学園）
1916 (大正5)		9/1 工場法施行	2月 岩崎佐一が桃花塾設立，11/10 大日本医師会発足
1917 (大正6)		5/12 岡山県済世顧問制度設置，7/20 軍事救護法制定，8/25 内務省地方局に救護課設置	3月 大原孫三郎（倉敷紡績会社社長）が石井記念愛染園設立，8月 婦人矯風会が東京婦人ホーム開設，11/3 中央慈善協会が第1回全国救済事業体会開催，11月 兵庫県救済協会設立

第15章 年　表

年	社会動向	福祉に関する法制度等	福祉実践
1918（大正7）	8/3 富山県で米騒動勃発（全国に波及），11/11 第1次世界大戦終結	10/7 小河滋次郎の提案で大阪府に方面委員制度設置	3/16 東京帝国大学基督教青年会有志が賛育会を設立，5月 宗教大学（後の大正大学）に社会事業研究所開設
1919（大正8）	6/28 ヴェルサイユ講和条約調印	3/27 精神病院法公布，トラホーム予防法公布，結核予防法公布，12/24 内務省地方局救護課を社会課と改称	1/15 長谷川良信がマハヤナ学園設立，2/9 大原孫三郎が大原社会問題研究所設立，3/22 国立武蔵野学院開院，5/13 武蔵野学院に感化救済事業職員養成所設置，7/1 大阪市児童相談所開設，11/1 大日本仏教慈善会が社会事業研究所を設立
1920（大正9）	3/15 株式大暴落（世界恐慌始まる），5/2 日本初のメーデー	4月 東京府は児童保護院制度設置，8/24 内務省に社会局設置	7/6 社会事業の研究助成を目的に原田積善会設立，この年大原社会問題研究所『日本社会事業年鑑』創刊
1921（大正10）		1/13 内務省は社会事業調査会を設置，4/9 職業紹介法公布	3/30 中央慈善会が中央社会事業協会と改称，6/20 大阪市立市民館設立，7月 大阪市堀川乳児院が健康相談，家庭訪問を実施，12/11 京都養老院設立（後の同和園）
1922（大正11）	2/6 ワシントン条約に調印	4/17 少年法・矯正院法公布，4/22 健康保険法公布，11/1 社会局官制公布により社会局が内務省の外局となる	3/3 全国水平社結成，6/1 協調会が幼稚園や夜学校を設置した善隣館を開設
1923（大正12）	9/1 関東大震災	3/30 工場労働者最低年齢法公布，8/28 盲学校及聾唖学校令公布	8/28 中央社会事業協会に融和促進事業部を設置
1924（大正13）			3/20 社会事業協会が（財）中央社会事業協会に改組，5/23 関東大震災の義捐金を基金に同潤会設立，6/6 東京帝大セツルメント設立，6/26 日本生命済生会設立
1925（大正14）	4/22 治安維持法公布，5/5 衆議院議員選挙法公布	9/22 内務省社会局内に中央融和事業協会設立，12/14 地方社会事業職員制実施	1/15 関東大震災被害者を保護するため浴風会設立，10/1 四貫島セツルメント設立，10/24 第1回全国養老事業大会開催
1926（大正15）（昭和元）	12/5 大正天皇死去，昭和と改元	4/9 労働争議朝廷法公布，4/22 幼稚園令公布	12/2 中央社会事業協会が第1回全国児童保護事業会議を開催

第15章 年表

年	社会動向	福祉に関する法制度等	福祉実践
1927 (昭和2)	3/14 金融恐慌始まる	3/30 不良住宅地区改良法公布，3/31 公益質屋法公布	7/23 大阪乳幼児保護協会発足，10/21 中央社会事業協会が第1回全国方面委員会会議を開催
1928 (昭和3)	3/15「3.15事件」勃発，7/22 無産大衆党結成		1月 大阪乳幼児保護協会が大賀小児保健所設立，4月 明治学院高等学部に社会科設置，9月 東京市が母子ホーム設立
1929 (昭和4)	4/16「4.16事件」勃発，この年世界恐慌始まる	4/2 救護法公布	2月 聖路加病院に社会事業部開設
1930 (昭和5)	この年深刻な農業恐慌起る		1/26 大崎無産者診療所設立，10/23 救護法実施促進大会開催，10月 日本無産者医療同盟発足，11/20 国立癩療養所（後の長島愛生園）設立
1931 (昭和6)	9/18 満州事変勃発	4/2 労働者災害扶助法公布，癩予防法公布	2/17 大阪無産者診療所開設，3/18 (財) 癩予防協会設立（後に藤楓協会と改称），7/5 全日本私設社会事業連盟結成，11月 荏原託児所開設（無産者託児所）
1932 (昭和7)	3/1 満州国が建国宣言発表，9/15 日満議定書調印	1/1 救護法施行	1/30 全国養老事業協会結成，2月 亀戸無産者託児所設立，3/26 全日本方面委員連盟結成，4月 吾嬬無産者託児所開設
1933 (昭和8)	3/3 三陸地震・津波（死者3,008人），3/27 国際連盟脱退の詔書発布	4/1 児童虐待防止法，5/5 少年教護法公布（感化法廃止）	4月 東京帝大セツルメントが児童問題研究会結成
1934 (昭和9)	この年東北は冷害，関西は風水害，西日本は干害により大凶作		3/13 恩賜財団愛育会設立，10/22 日本精神薄弱児愛護協会設立（会長：石井亮一），11/1 中央社会事業協会が社会事業研究所設立
1935 (昭和10)	8/3 政府は国体明徴声明		10/15 岩崎武夫がライトハウス設立
1936 (昭和11)	2/26「2.26事件」勃発	11/14 方面委員令公布	10/20 保育問題研究会結成，12/2 大日本傷痍軍人会設立
1937 (昭和12)	7/7 盧溝橋事件（日中戦争開始）	3/31 軍事救護法を改正し軍事扶助法公布，同日母子保護法公布，救護法改正，4/5 保健所法公布，	11/13 全日本保育連盟が第1回全国保育大会を開催

第15章 年表

年	社会動向	福祉に関する法制度等	福祉実践
		11/1 内務省社会局に臨時軍事援護部設置	
1938 (昭和13)	4/1 国家総動員法公布	1/11 厚生省設置，4/1 社会事業法公布，同日国民健康保険法成立，10/21 厚生省臨時軍事援護部に軍事扶助と遺族援護課設置	11/5 恩賜財団軍人援護会設立，11/9 中央協和会設立
1939 (昭和14)	4/12 米穀配給統制法公布，5/11 ノモンハン事件開始，7/8 国民徴用令公布，10/18 価格統制令公布	3/30 司法保護事業法公布，4/6 健康保険法改正，職員健康保険法公布，船員保険法公布	1/14 銃後奉公会発足，6/28 中央協和会設立，8/25 人口問題研究所設立
1940 (昭和15)	9/27 日独伊三国同盟調印，10/12 大政翼賛会発足	12/4 厚生省に厚生科学研究所設立	9月 紀元2600年奉祝日満社会事業大会開催，10/10 紀元2600年記念全国社会事業大会開催
1941 (昭和16)	4/1 生活必需物資統制令公布，12/8 対米英国宣戦布告	1/7 教職員共済組合令公布，3/1 国民学校令公布，3/6 医療保護法公布，3/11 労働者年金保険法公布，7/10 保健婦規則制定	6/25 中央融和事業協会が同和奉公会に改組
1942 (昭和17)	2/21 食糧管理法公布，6/5 ミッドウェー海戦，11/11 大東亜省設置	2/21 健康保険法改正，国民健康保険法改正（強制加入），2/25 戦時災害保険法公布，国民医療法公布，7/13 厚生省は妊産婦手帳規則制定	6/2 聖業完遂全国方面委員報国大会開催
1943 (昭和18)	3/2 朝鮮に徴兵令施行，10/21 学徒出陣	1/18 国立健康保険療養所官制，1/20 閣議で生産増強勤労緊急対策要綱・勤労青少年補導緊急対策要綱を決定，3/17 「戦時社会事業の強化拡充に関する件」通牒，6/16 工場法戦時特別令公布（労働時間制限廃止）11/1 厚生省に健民局設置	12/23 大日本母子愛育会設立

年	社会動向	福祉に関する法制度等	福　祉　実　践
1944 (昭和19)	1/18 緊急国民勤労動員方策要綱を閣議決定	2/16 厚生年金保険法制定，3/1 朝鮮救護令公布，7月「方面委員決戦措置要項」決定，6/30 閣議で学童疎開が決定，8/23 女子挺身勤労令，学徒勤労令公布	
1945 (昭和20)	3/9 東京大空襲，3/26 米軍が沖縄慶良間に上陸，8/6 広島に原爆投下，8/8 ソ連が対日宣戦布告，8/9 長崎に原爆投下，8/14 ポツダム宣言受諾，8/28 連合国総司令部（GHQ）を横浜に設置	9/20「戦災孤児等保護対策要綱」決定，12/15「生活困窮者緊急生活援護要綱」決定	12/1 失明傷痍軍人寮を光明寮と改称

参考文献

池田敬正・土井洋一編『日本社会福祉綜合年表』法律文化社，2000年．

池田敬正『日本社会福祉史』法律文化社，1986年．

池田敬正『日本における社会福祉のあゆみ』法律文化社，1994年．

菊池正治・室田保夫ほか編『日本社会福祉の歴史——制度・実践・思想』ミネルヴァ書房，2003年．

吉田久一『新・日本社会事業の歴史』勁草書房，2004年．

事項索引

あ行

アイヌ人……………………………86
イエス団友愛救済所診療部………79
育児施設……………………………43
石井記念愛染園……………………90
医制…………………………………76
医療保護法…………………………83
大阪市立北市民館…………………90
大阪毎日新聞慈善団………………79
大阪盲啞院…………………………118
大阪養老院……………………15,117
岡山孤児院………………………44,45
　　——大阪分院…………………90
岡山博愛会…………………………86
小野慈善院…………………………14

か行

改正工場法…………………………48
学制……………………………30,43
学校令………………………………43
家庭学校……………………………46
簡易食堂…………………………64,66
感化救済事業…………1,4,114,133
　　——期…………………………43
　　——講習会……………………4
感化施設……………………………45
感化部………………………………117
感化法………………………………119
監獄法………………………………119

感染症対策事業……………………75
関東大震災…………………………80
棄児養育米給与方………………41,95
救護課………………………………17
救護施設……………………………23
救護費………………………………23
救護法………………………8,9,23,53
　　——施行令……………………54
救世軍………………………………87
共同募金……………………………89
キングスレー館……………………86
近代以前……………………………141
近代公衆衛生事業…………………75
金融恐慌……………………………7
軍事救護法…………………………7
軍事扶助法…………………………60
経済的保護事業……………………64
経済保護施設………………………69
「ケース・ワァーク」……………124
『ケースワークとは何か』………123
ケースワーク論……………………123
講……………………………………143
公益質屋………………………64,66
　　——法…………………………69
公衆衛生事業………………………75
工場法………………………………6
厚生事業………………………1,83,92
厚生省………………………………82
　　——官制………………………83
　　——社会局児童課……………50

公設市場 …………………………64,66
公設浴場 …………………………64,66
光徳寺善隣館 ………………………90
神戸友愛養老院 ……………………117
行旅病人取扱規則 …………………95
国民健康保険法 ……………………102
孤女学院 ……………………………118
古代律令国家 ………………………142
国家総動員法………………………10,101
混合収容救護施設 …………………115

さ 行

『最暗黒之東京』 ……………………86
雑誌『斯民』…………………………87
三子出産ノ貧困者へ養育料給与方……95
四恩学園 ……………………………121
四箇院 ………………………………144
慈善救済事業 ………………………114
慈善事業 ……………………………1
　　――師範部 ………………………118
『死線を越えて』 ……………………87
社会課 ………………………………17
社会局 ………………………………17
社会事業 ……………………………1,5
『社会事業』 …………………………124
　　――主管課 ………………………17
　　――法 ……………………………24
『社会事業要覧』 ……………………64
『社会診断』 …………………………123
社会福祉 ……………………………141
住宅供給 ……………………………64,66
儒教思想 ……………………………145
宿泊保護 ……………………………64,66
授産 …………………………………64
　　――事業 …………………………65

恤救規則 ……………………………2,96,
　　――制定以前 ……………………95
傷痍軍人対策 ………………………36
少年教護委員 ………………………50
少年法 ………………………………50
上毛孤児院 …………………………44
上毛慈恵会養老院 …………………117
職業紹介 ……………………………64
　　――事業 …………………………65
白川学園……………………………33,119
私立予備感化院 ……………………46
賑給 …………………………………142
巣鴨家庭学校 ………………………131
スペイン風邪 ………………………80
生活協同組合運動 …………………87
聖三一孤女学院 ……………………33
精神障害 ……………………………77
精神病院法 …………………………78
精神病者監護法 ……………………32,77
精神病者慈善救治会 ………………78
聖ヒルダ養老院 ……………………15
世界恐慌 ……………………………7
積極的社会事業 ……………………69
セツルメント事業 …………………79
全国養老事業協会 …………………24
戦時厚生事業 ………………………9
戦時災害保護法 ……………………11
惣 ……………………………………142
ソーシャル・ケースワーク論………123

た 行

第1回感化救済事業講習会 …………120
第1回肺結核死亡数全国調査………78
第1回免囚保護事業講習会 …………120
大勧進養育院 ………………………15

大日本私立衛生会……………………76
『大日本私立衛生会雑誌』……………77
滝乃川学園……………………………33
治安維持法……………………………7
千葉感化院……………………………117
地方改良運動…………………………87
中央衛生会……………………………76
中央社会事業協会……………………17
通所型施設……………………………117
土筆ヶ岡養生園………………………78
天使園…………………………………44
トインビーホール……………………118
桃花塾…………………………………33
東京私設社会事業連盟………………92
東京市養育院……………14-15,44,117
東京帝国大学セツルメント…………80
東京府巣鴨病院………………………78
東北育児院……………………………117

な 行

内鮮融和事業…………………………90
内務省……………………………16,81
新潟静修学校…………………………117
西日本私設社会事業連盟……………92
『日本之下層社会』……………………86
『日本社会事業年鑑』…………………59
日本赤十字社…………………………76
入所型施設……………………………116
妊産婦…………………………………54
人足寄場………………………………143
農村社会事業…………………………8

は 行

肺結核…………………………………78
「肺結核ニ関スル件」…………………78

廃兵院法………………………………37
博愛社……………………………44,76
ハンセン病……………………………79
備荒儲蓄法……………………………3
日田養育院……………………………44
貧児教育………………………………47
福祉……………………………………141
福島訓盲学校…………………………118
福田会育児院……………………44,115
富国強兵政策…………………………36
富士育児院……………………………34
婦人同志育児所………………………44
二葉幼稚園……………………………48
普通選挙法……………………………7
保育……………………………………47
報徳運動………………………………87
防貧事業………………………………71
方面委員………………………………92
　──制度…………………………6,88
保健院官制……………………………83
保健所…………………………………82
『母子福祉』……………………………59
母子扶助法案…………………………54
母子ホーム……………………………60
母子保護………………………………60
　──法……………………………56,57
北海道家庭学校………………………131
北海道旧土人保護法…………………86

ま 行

松江育児院……………………………117
マハヤナ学園……………………80,90
盲学校…………………………………30
盲官廃止令……………………………30
文部省医務局…………………………75

や　行

養老院……………………14
養老事業…………………16
『養老事業』………………22
養老法案…………………14
浴風会……………………24
　　──浴風園……………21

ら　行

らい（ハンセン病）対策……………32
癩予防ニ関スル件……………79, 118
陸軍下士官兵卒給俸諸定則……………37
隣保事業……………93
労道社………………90
労働保護……………69
　　──施設…………69

人名索引

あ行

赤澤鐘美 …………………… 48, 117
池上雪枝 …………………… 46, 115
池川清 ……………………………… 59
石井十次 ………………… 45, 90, 131
石井亮一 ………………………… 33
井上友一 ……………………… 87, 133
岩崎佐一 ………………………… 33
岩田民次郎 …………………… 117
岩永マキ ………………………… 75
海野幸徳 ……………………… 137
大林宗嗣 ………………………… 90
小河滋次郎 …………………… 6, 89, 133
小澤一 ……………………… 125
小野太三郎 ………………………… 14

か行

賀川豊彦 ………………… 79, 87, 135
笠井信一 ……………………… 88
片山潜 ………………………… 86
川西實三 ……………………… 68
北里柴三郎 …………………… 78
呉秀三 …………………… 32, 77

さ行

佐々木五三郎 ………………… 117
聖徳太子 ……………………… 144

た行

高木憲次 ……………………… 34
高橋梵仙 ……………………… 14
竹内愛二 ……………………… 127
竹中勝男 ……………………… 138
田子一民 ……………………… 136
寺島ノブヘ …………………… 117
寺脇隆夫 ……………………… 54
留岡幸助 ………………… 46, 118, 131
ド・ロ神父 …………………… 86

な行

生江孝之 ……………………… 137
野口幽香 ……………………… 48

は行

長谷川良信 ……………… 79, 90, 135
林市蔵 ………………………… 89
姫井伊介 ……………………… 90
福田平治 ……………………… 117
福山政一 ……………………… 127

ま行

松方正義 ……………………… 44
松原岩五郎 …………………… 86
宮内文作 ……………………… 117
三好豊太郎 …………………… 124

や 行

矢吹慶輝 …………………………134
山口正 ……………………………138
山室軍平…………………………87
横山源之助………………………4,86
吉田久一 …………………………145

ら 行

リッチモンド（Richmond,Mary）……123

わ 行

脇田良吉……………………………33,119
渡辺海旭 …………………………132

執筆者一覧

第1章	佐々木光郎	静岡英和学院大学
第2章	井村　圭壯	岡山県立大学
第3章	吉野　由美子	元・高知女子大学
第4章	藤原　正範	鈴鹿医療科学大学
第5章	本田　久市	元・福島学院大学
第6章	野口　友紀子	長野大学
第7章	土井　直子	淑徳短期大学（非常勤）
第8章	杉山　博昭	ノートルダム聖心女子大学
第9章	梅原　基雄	淑徳短期大学
第10章	松本　郁代	弘前学院大学
第11章	関　徳子	淑徳大学（非常勤）
第12章	松本　郁代	弘前学院大学
第13章	工藤　隆治	宇部フロンティア大学
第14章	藤森　雄介	淑徳大学
第15章	関　徳子	淑徳大学（非常勤）

編著者略歴

井村圭壯
1955年生まれ
現　在　岡山県立大学教授．博士（社会福祉学）．
著　書　『社会福祉調査論序説』（学文社，2001年，単著）
『養老事業施設の形成と展開に関する研究』（西日本法規出版，2004年，単著）
『戦前期石井記念愛染園に関する研究』（西日本法規出版，2004年，単著）
『日本の養老院史』（学文社，2005年，単著）その他，多数

藤原正範
1954年生まれ
現　在　鈴鹿医療科学大学医療福祉学科教授．博士（社会福祉学）．
著　書　『戦前感化・教護実践史』（春風社，2000年，共著）
『家裁調査官レポート』（日本評論社，2001年，共著）
『児童自立支援施設の可能性』（ミネルヴァ書房，2004年，共著）
『少年事件に取り組む──家裁調査官の現場から』（岩波書店，2006年，単著）その他，多数

福祉の基本体系シリーズ⑥
日本社会福祉史
明治期から昭和戦前期までの分野別形成史

2007年2月20日　第1版第1刷発行
2010年4月15日　第1版第2刷発行

編著者　井村圭壯（いむらけいそう）
　　　　藤原正範（ふじわらまさのり）

発行者　井村寿人

発行所　株式会社　勁草書房（けいそう）
112-0005 東京都文京区水道2-1-1　振替 00150-2-175253
（編集）電話 03-3815-5277／FAX 03-3814-6968
（営業）電話 03-3814-6861／FAX 03-3814-6854
堀内印刷所・青木製本

© IMURA Keiso, FUJIWARA Masanori　2007

ISBN978-4-326-60197-4　　Printed in Japan

JCOPY ＜㈳出版者著作権管理機構　委託出版物＞
本書の無断複写は著作権法上での例外を除き禁じられています。
複写される場合は、そのつど事前に、㈳出版者著作権管理機構（電話 03-3513-6969、FAX 03-3513-6979、e-mail: info@jcopy.or.jp）の許諾を得てください。

＊落丁本・乱丁本はお取替いたします。

http://www.keisoshobo.co.jp

R.ジャック著，小田兼三ほか訳
施設ケア対コミュニティケア　　　　　3,675 円

相澤譲治，栗山直子編著
家　族　福　祉　論　　　　　2,520 円

小田兼三
コミュニティケアの社会福祉学　　　　　3,990 円

相澤譲治，井村圭壯編著（福祉の基本体系シリーズ①）
社　会　福　祉　の　基　本　体　系　第 3 版　　　　　2,520 円

井村圭壯，相澤譲治編著（福祉の基本体系シリーズ②）
福　祉　制　度　改　革　の　基　本　体　系　　　　　2,835 円

井村圭壯，相澤譲治編著（福祉の基本体系シリーズ③）
高　齢　者　福　祉　の　基　本　体　系　　　　　2,520 円

井村圭壯，相澤譲治編著（福祉の基本体系シリーズ④）
総　合　福　祉　の　基　本　体　系　　　　　2,520 円

井村圭壯，谷川和昭編著（福祉の基本体系シリーズ⑤）
地　域　福　祉　の　基　本　体　系　　　　　2,520 円

井村圭壯，藤原正範編著（福祉の基本体系シリーズ⑥）
日　本　社　会　福　祉　史　　　　　2,520 円

井村圭壯，谷川和昭編著（福祉の基本体系シリーズ⑦）
社　会　福　祉　援　助　の　基　本　体　系　　　　　2,520 円

井村圭壯，相澤譲治編著（福祉の基本体系シリーズ⑧）
社　会　福　祉　の　理　論　と　制　度　　　　　2,520 円

―――――――――――――――――――――――― 勁草書房刊

＊表示価格は2010年4月現在、消費税は含まれております。